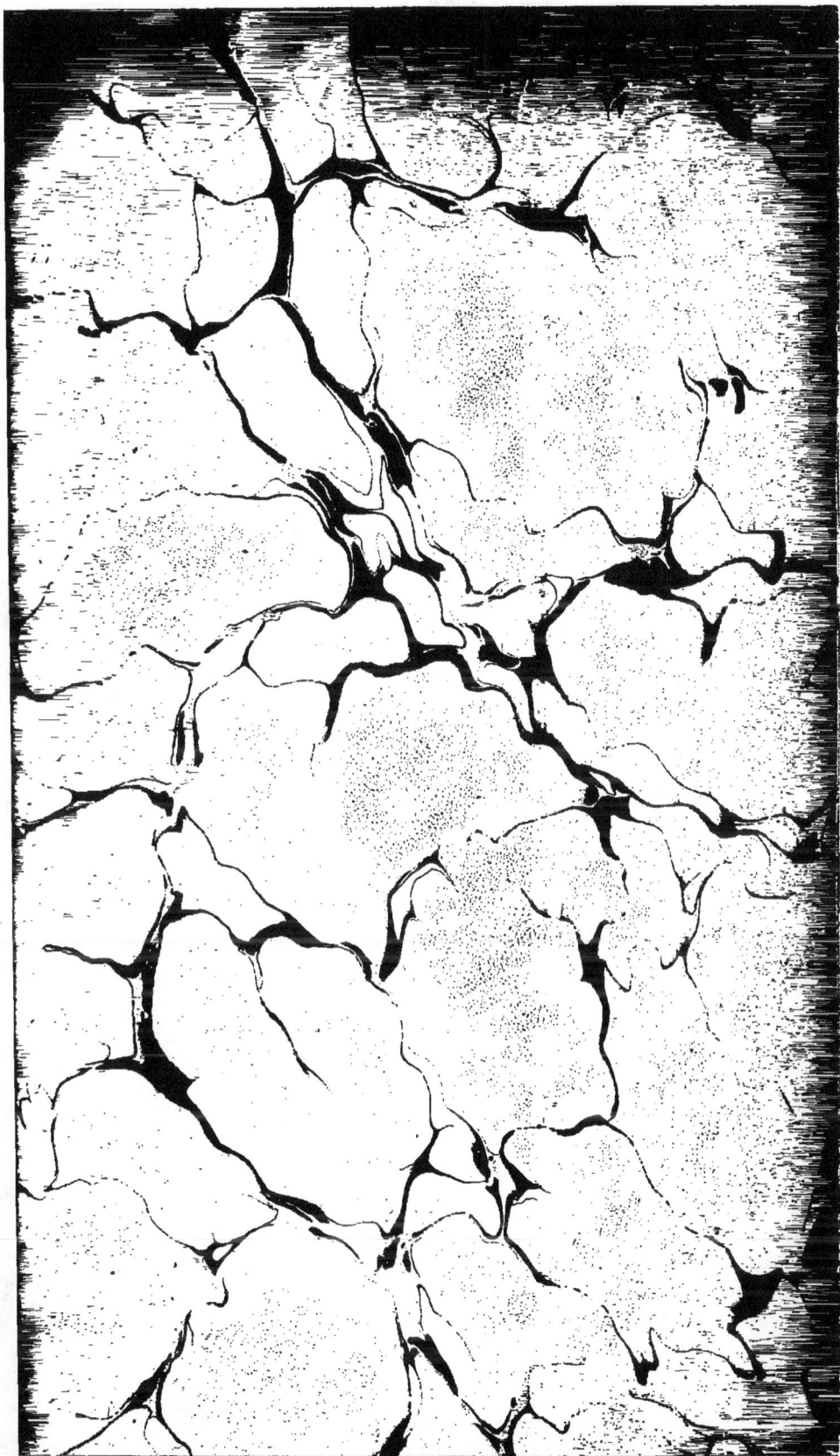

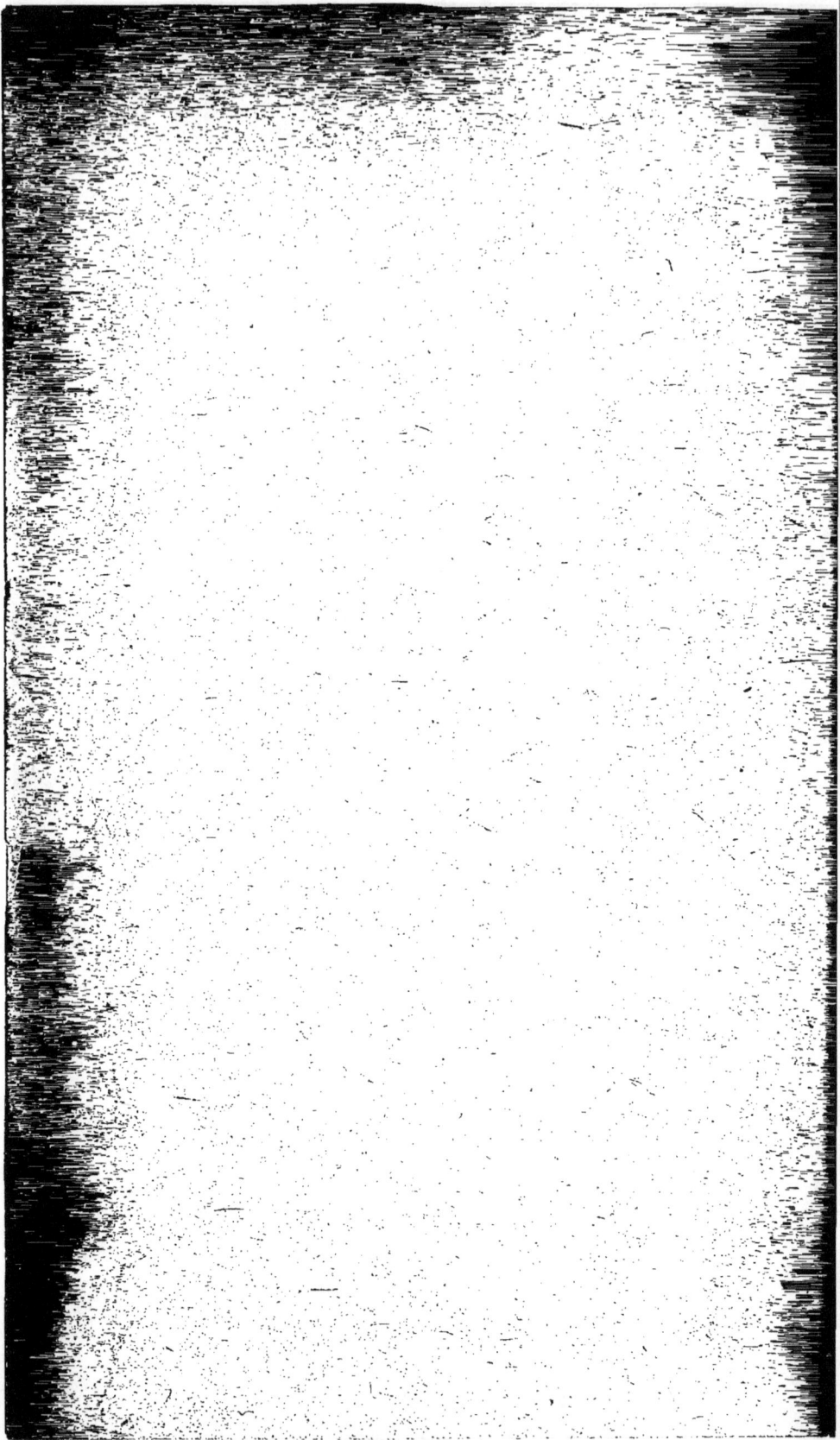

Par M. L'ABBÉ M. HOUSSAYE

PRÊTRE DE CLERMONT PARIS

SUIVIE DE LA

... PASTORALE DE M⁉ L'ÉVÊQUE ...

AUX RELIGIEUSES ... DE SON DIOCÈSE

DES DERNIERS BREFS DU SOUVERAIN PONTIFE

... LETTRES INÉDITES DU R. P. COTON, DE LA COMPAGNIE ...

In tempore necessitatis ...
Eccli., viii. ...

PARIS

E. PLON ET Cᵉ, IMPRIMEURS-ÉDITEURS

10, RUE GARANCIÈRE

1873

Cet ouvrage a été déposé au ministère de l'intérienr (section de la librairie) en octobre 1873.

PARIS. TYPOGRAPHIE E. PLON ET Cie, 8, RUE GARANCIÈRE.

LES

CARMÉLITES DE FRANCE

ET LE

CARDINAL DE BÉRULLE

COURTE RÉPONSE A L'AUTEUR DES NOTES HISTORIQUES

PAR M. L'ABBÉ M. HOUSSAYE

PRÊTRE DU CLERGÉ DE PARIS

SUIVIE DE LA

LETTRE PASTORALE DE MGR L'ÉVÊQUE DE POITIERS

AUX RELIGIEUSES CARMÉLITES DE SON DIOCÈSE

DES DERNIERS BREFS DU SOUVERAIN PONTIFE

ET DE LETTRES INÉDITES DU R. P. COTON, DE LA COMPAGNIE DE JÉSUS

In tempore necessitatis dare responsum.
Eccli., VIII, 12.

PARIS

E. PLON ET Cie, IMPRIMEURS-ÉDITEURS

10, RUE GARANCIÈRE

1873

Tous droits réservés.

LES

CARMÉLITES DE FRANCE

ET LE

CARDINAL DE BÉRULLE

D'APRÈS

L'AUTEUR DES NOTES HISTORIQUES

AVANT-PROPOS.

Depuis un an, le cardinal de Bérulle compte deux ennemis de plus. L'homme auquel les Souverains Pontifes accordèrent toute leur confiance, et qu'ils honorèrent de la pourpre romaine; que François de Sales et Vincent de Paul, M. Boudon et le P. Surin, la Bienheureuse Marie de l'Incarnation et la Vénérable Madeleine de Saint-Joseph vénéraient comme un Saint[1], ne semble digne de tant de respect ni à la Révérende Mère Prieure des Carmélites de Meaux, ni à M. l'abbé Gramidon[2]. Avec certains ménagements de parole, une

[1] Voyez *M. de Bérulle et les Carmélites de France.* Introduction, p. 68.
[2] *La Vie de Saint Jean de la Croix, premier Carme déchaussé et coadjuteur de sainte Thérèse, avec une Histoire de ce qui s'est passé de plus considérable dans la réforme du Carmel,* par le R. P. DOSITHÉE DE SAINT-ALEXIS, Carme déchaussé, revue par la Révérende Mère MARIE-ÉLISABETH DE LA CROIX, Carmélite déchaussée, Prieure du Carmel de Pie IX (Meaux). Paris, Poussielgue, 1872, 3 vol. in-12. — *Notes historiques. Les origines et la réforme thérésienne de l'Ordre de Notre-*

ironie couverte, des habiletés propres à tromper le lecteur, les deux nouveaux écrivains (M. Gramidon surtout) travaillent, d'un cœur léger, à ruiner une grande
mémoire. Quel mal M. de Bérulle a-t-il fait à la vénérable Société de Saint-Sulpice, pour que M. Gramidon,
qui appartient à cette Compagnie, se jette avec tant
d'ardeur dans la mêlée? Aucun, que je sache. Mais
M. Gramidon se fait ici l'avocat d'une cause qui n'est
pas la sienne, celle de la Révérende Mère Élisabeth de
la Croix, prieure de Meaux. Son livre n'est point une
histoire, c'est un plaidoyer. Tel est le jugement que vient
d'en porter Mgr l'évêque de Poitiers : « Le but avoué de
» ce livre », dit-il dans une lettre adressée aux Religieuses
carmélites de son diocèse, « est de persuader au monde,
» et d'abord à vous toutes, mes filles, que votre situation
» en France n'a pas cessé d'être irrégulière et qu'elle
» l'est aujourd'hui plus que jamais, que vous n'avez
» point l'esprit de sainte Thérèse, et que vos devancières
» dans la Religion ne l'ont pas eu non plus, ni pu
» l'avoir, attendu qu'elles n'ont jamais été gouvernées
» par les Carmes, seuls dépositaires de cet esprit, que,
» par suite, votre devoir comme votre intérêt est de
» quitter votre observance pour vous réunir à l'Ordre
» dont vous êtes séparées, et devenir enfin, par là, filles
» de sainte Thérèse[1]. »

Dame du Mont-Carmel, en Espagne, en Italie, et particulièrement en
France, par un prêtre de la Communauté de Saint-Sulpice. Paris,
Poussielgue, 1873. 1 vol. in-12.

[1] Lettre pastorale de Mgr l'évêque de Poitiers aux Religieuses Carmélites des monastères de Poitiers et de Niort. Je n'ai pas cru pouvoir
mieux faire pour éclairer complétement le lecteur, que de reproduire
intégralement, avec la permission de Mgr l'Évêque de Poitiers, un docu-

Dans quelles circonstances se sont produites contre le Carmel de France les attaques dont parle Mgr l'évéque de Poitiers? Quel en est le but, quel en est le prétexte? Voilà ce que tout lecteur initié — fort inexactement, du reste, — par M. l'abbé Gramidon au secret de ces luttes domestiques, se demande avec étonnement, peut-être avec scandale. Je me vois donc contraint de raconter ici en deux mots cette triste histoire.

Les Carmélites de la réforme de Sainte-Thérèse sont, comme l'on sait, divisées en trois Congrégations, celle d'Espagne, celle d'Italie ou de Saint-Élie, et celle de France. Toutes trois ont, avec la même règle, leurs constitutions propres, et quelques usages particuliers.

Les Carmélites d'Espagne et celles de la Congrégation de Saint-Élie sont gouvernées par les Carmes. Les Carmélites de France ont un gouvernement qui a été réglé par les Souverains Pontifes eux-mêmes. Leur situation est donc parfaitement légitime. Elles étaient dans cette possession depuis deux cent soixante-dix ans, lorsque fut fondé à Meaux un nouveau monastère. La Révérende Mère Élisabeth de la Croix voulant demander à Rome l'érection canonique de cette maison, crut, d'après le conseil de « personnages éminents, qu'elle n'obtien-» drait ni l'érection canonique, ni aucune espèce de » privilége, si elle ne se présentait pas avec les règles, » constitution, liturgie et cérémonial en usage dans la » Congrégation de Saint-Élie à Rome [1]. » Elle rédigea sa

ment qui pèse d'un poids définitif dans ce débat. On trouvera cette lettre à la page 69.

[1] Lettre de la Révérende Prieure de Meaux, du 7 août 1868.

1.

supplique dans ce sens, et le Saint-Père daigna accéder
a sa demande. Jusque-là, rien qui ne soit parfaitement
conforme aux règles.

Mais la joie la plus légitime doit avoir ses limites ;
celle de la Mère Élisabeth les dépassa. Par une circulaire
datée du 16 mai 1868, elle annonça à tout le Carmel la
faveur qui lui était accordée, le bonheur qu'elle venait
d'éprouver en renouvelant ses vœux, selon la règle et la
formule primitives ; et elle ajoutait ces paroles : « Nous
» bénissons Dieu de nous avoir aussi, par cette grâce, fait
» filles de l'Église, reconnues par elle, et nous osons le
» dire, par notre séraphique Mère sainte Thérèse de
» Jésus, qui l'aimait tant, qu'à sa mort son cri d'amour
» fut : Enfin, je meurs fille de l'Église ! Ainsi, rattachées
» au principe de l'unité du corps mystique de Notre-
» Seigneur et de notre saint Ordre, nous avons la satis-
» faction d'être maintenues, comme de droit, sous la
» juridiction de l'Ordinaire. »

A la réception de cette circulaire, l'étonnement fut
grand dans le Carmel. Depuis deux cent soixante-dix ans,
les Carmélites de France n'avaient donc point fait de
vœux selon la règle et la formule primitives, elles
n'étaient « point rattachées au principe de l'unité du
» corps mystique de Jésus-Christ et du saint Ordre du
» Carmel : elles n'étaient ni filles de sainte Thérèse, ni
» même filles de l'Église, du moins elles n'étaient point
» reconnues par elle ! »

La prieure du monastère de l'Incarnation répondit
aussitôt à cette étrange lettre ; elle le fit avec autant de
modération que de sens et de clarté. Nouvelle circulaire

de Meaux, et fort peu respectueuse pour les supérieurs, en date du 20 septembre 1868.

Cette même année pourtant [1], le Carmel de France, si dédaigneusement traité par la Révérende Mère Prieure de Meaux, voyait le Propre des Carmélites et leur Manuel imprimés à Poitiers, autorisés par la sacrée Congrégation des rites, non-seulement pour les monastères de ce diocèse, mais pour tous ceux de France qui solliciteraient cette grâce de leurs évêques, autorisés à la leur accorder. Bientôt le Saint-Siége faisait plus encore. Par un bref du 23 mars 1869, il accordait à tous les monastères de France, sans distinction ni condition, la participation aux priviléges attachés aux vœux solennels [2]. C'était détruire jusqu'au prétexte de cette déplorable agitation, et l'on devait espérer que la Révérende Mère Élisabeth de la Croix jugerait enfin opportun de déposer les armes. Elle n'en fit rien. Dans une lettre en date du 14 novembre 1869, non contente de représenter comme des *grâces particulières au monastère de Poitiers* les dernières faveurs accordées par le Saint-Siége à tout le Carmel de France, elle organisait la lutte. Aux lettres, aux mémoires, aux voyages à Rome succédèrent bientôt les nouvelles éditions, puis les notes envoyées aux évêques, puis les copies passées à M. Gramidon. M. Gramidon, peu au courant de ces choses, a cru ce qu'on lui disait, et il vient maintenant affirmer avec une autorité singulière qu'il n'y a de salut pour le Carmel de France

[1] 8 juin 1868.

[2] On trouvera aux Pièces justificatives le Bref accordé à Meaux et celui accordé à tous les monastères de France. Les termes sont les mêmes et les faveurs égales.

que dans le changement d'observance dont le monastère
de Meaux a donné l'exemple [1].

Il faut lire, dans la lettre éloquente de Mgr Pie, la
réfutation victorieuse des prétentions de la Mère Élisabeth de la Croix et de M. Gramidon. Mais, pour
arriver à démontrer que les Carmélites de France n'ont
à peu près du Carmel que le nom, il était nécessaire
de donner à cette thèse une base historique en prouvant
que leur origine avait été viciée et que le P. de Bérulle, principal auteur de leur établissement en France,
avait forfait à sa mission. C'est ce que se sont efforcés

[1] Selon M. Gramidon, les Carmélites de France n'ont rien de mieux
à faire que de suivre l'exemple de la Révérende Mère Prieure de
Meaux, c'est-à-dire qu'elles doivent abandonner leurs constitutions
pour adopter celles de la Congrégation de Saint-Élie qui leur sont iden-
tiques (voir à la page 82 la lettre d'un Carme, citée par Mgr Pie), leur
Propre et leur *Manuel* approuvés par le Saint-Siége, leur *Cérémonial*
approuvé par leurs supérieurs légitimes, comme ceux des Carmélites
d'Espagne et d'Italie par les leurs.

Offre-t-on du moins aux Carmélites de France, pour prix de ce changement, un état canonique supérieur à celui qu'elles possèdent ou
quelque autre grand avantage? Pas le moins du monde. Au Carmel de
Meaux, — le Bref de son érection en fait foi, et M. Gramidon l'avoue
page 220, — « les vœux restent simples et la clôture est épiscopale. Les
» Religieuses restent sous la juridiction de l'Ordinaire, mais elles sont Reli-
» gieuses avec participation aux priviléges des vœux solennels, sans qu'elles
» puissent cependant, ajoute le rescrit d'érection, être en aucune manière
» exemptes de la juridiction de l'Ordinaire, à laquelle le monastère devra
» être soumis en toutes choses.» «On le voit», continue justement M. Gramid-
don, «il n'est nullement question ici de placer les couvents des Carmélites
» sous la direction des Carmes. La Providence, dans les temps difficiles
» que nous traversons, ménage au Carmel un moyen de maintenir l'unité
» d'esprit, par la soumission aux lois constitutionnelles et organiques de
» l'Ordre, sans qu'il soit privé des avantages qui résultent aujourd'hui
» de l'autorité exercée par l'évêque. Rome veut, en effet, que l'évêque
» soit supérieur et visiteur de ces maisons de la Congrégation de Saint-
» Élie comme des autres couvents. Il n'y a point d'exemption. » (*Notes
historiques*, p. 221.)

Le premier chapitre des Constitutions des Carmélites gouvernées par

de faire les deux écrivains et ce qui explique leur ani-
mosité, celle de l'auteur des *Notes* en particulier,
contre le visiteur des Carmélites. « Il ne nous ap-
» partient pas », continue Mgr de Poitiers, parlant
de M. Gramidon, « d'apprécier ici l'historique tracé
» par lui de l'établissement des Carmélites en France,
» non plus que les jugements sur les personnes qui
» y ont concouru. Nous aurions à ce sujet plus d'une
» erreur à relever, plus d'une lacune à combler, et
» toutes sortes d'observations à faire. On ne manquera
» sans doute pas de répondre à plusieurs de ces allé-
» gations dans des livres où ces sortes de débats peuvent

les Carmes indique ce gouvernement; le chapitre XXIII ordonne que, pour
ce qui concerne le gouvernement, les fautes ou d'autres points non prévus
par ces mêmes Constitutions, les Carmélites se conformeront à celles des
Carmes déchaussés, de l'avis et du consentement du général et des défi-
niteurs. Le cérémonial des Carmélites d'Italie se termine par une défense
aux Prieures de rien y changer ou ajouter sans l'avoir proposé au
R. P. Provincial, qui doit lui-même, en cas de doute, en écrire au définitoire général. Partant de ces principes, M. Gramidon poursuit et
relève ainsi les prétendus avantages du changement d'observance qu'il
conseille; « mais les Constitutions, la jurisprudence des Constitutions
» sont fixées et approuvées par le Saint-Siége, l'autorité de la Prieure
» est définie et circonscrite, et les Religieuses réunies à l'Ordre parti-
» cipent aux priviléges accordés à l'Ordre. »
Mais, répondrons-nous, puisque, tout en concédant aux Carmélites
qui lui en font la demande, la faculté d'adopter l'observance de Saint-
Élie, le Saint-Siége a le soin de spécifier si formellement qu'elles doivent
être *soumises en toutes choses* à la juridiction de l'Ordinaire, ce n'est
donc pas son intention que l'on use en France, officiellement du moins,
de ce recours au provincial, au général et au définitoire des Carmes. Et
alors en quoi la situation régulière des Prieures dans les couvents qui
adopteraient l'observance de Saint-Élie différerait-elle de celle des
autres? L'autorité de toutes n'est-elle pas également *définie et circonscrite* par les seules règles et Constitutions, et par l'autorité de l'évêque,
leur légitime supérieur et visiteur, sans l'assentiment duquel elles ne
pourraient, sous peine de désobéissance à l'Église, mettre en pratique
les décisions venues d'ailleurs?

» être à leur place. L'attaque nouvelle rend cette dé-
» fense légitime ou plutôt nécessaire. »

Cette défense légitime et nécessaire, je l'entreprends
aujourd'hui.

Je dirai d'abord quelques mots des sources auxquelles
a puisé M. Gramidon. J'examinerai ensuite ses procédés
de discussion. J'arriverai enfin à sa thèse elle-même;
elle peut se formuler ainsi : démontrer comment le cardinal de Bérulle a déformé le Carmel, que la Révérende
Mère Élisabeth de la Croix est appelée à réformer.

PREMIÈRE PARTIE.

LES SOURCES.

M. l'abbé Gramidon fait une fort longue énumération des sources auxquelles il a puisé. Il me permettra de ne pas la prendre complétement au sérieux. A vrai dire, il n'a guère étudié que deux ouvrages : l'un, pour le combattre : c'est celui dont je suis l'auteur infortuné ; l'autre, pour le défendre et l'exalter : c'est celui dont la Révérende Mère Prieure de Meaux est l'heureux éditeur. Tout le reste lui a été fourni de seconde main. Il ne semble même connaître que par des extraits le livre du P. Louis de Sainte-Thérèse, dont la Mère Élisabeth, ainsi que je vais le dire, avait discrètement caché le nom, et dont il ne transcrit le titre que d'une manière incomplète et inexacte. Je crois donc nécessaire de donner au lecteur quelques renseignements sur cette nouvelle édition de *la Vie de saint Jean de la Croix*, afin qu'il puisse apprécier à leur valeur les documents sur lesquels s'appuie M. Gramidon.

En 1727, le P. Dosithée de Saint-Alexis, Carme déchaussé, publia une fort bonne vie de saint Jean de la Croix, suivie d'une « Histoire abrégée de ce qui s'est passé de plus considérable dans la Réforme du Carmel[1]. »

---

[1] *La Vie de saint Jean de la Croix, premier Carme déchaussé et coadjuteur de sainte Thérèse, avec une Histoire abrégée de ce qui s'est passé de plus considérable dans la réforme du Carmel,* par le R. P. DOSITHÉE DE SAINT-ALEXIS, Carme déchaussé. Chez Christophe David, 1727, in-4°.

Dans cette histoire (livre X, chap. ix-xvi), le P. Dosithée raconte l'établissement du Carmel en France, et
rend hommage, chemin faisant, aux vertus des Carmélites de France et à celles du P. de Bérulle.

Que fait la Révérende Prieure de Meaux? Elle copie
scrupuleusement le P. Dosithée jusqu'au chap. xv,
p. 313, où elle commence à insérer de nouveaux documents, sans prévenir que ce n'est plus le P. Dosithée
qui parle, et elle omet toute la fin de ce chapitre, qui a
bien sa valeur. Après avoir fait allusion aux troubles de
l'Ordre et à la décision du Saint-Siége, d'après laquelle
les Carmélites en France devaient demeurer exemptes de
la juridiction des Carmes déchaussés, et celles qui vou-
draient être sous l'Ordre devaient passer en Flandre, le
P. Dosithée ajoute : « Les choses sont restées de la sorte
» jusqu'à présent, et quoique les Carmélites de France
» aient introduit certains changements dans leur ma-
» nière de vivre, comme par exemple à l'égard du nom-
» bre de Religieuses dans chaque monastère qui ne
» devroit jamais excéder celui de vingt et un, on doit
» leur rendre ce témoignage qn'elles ont toujours con-
» servé jusqu'à présent le véritable esprit de sainte
» Thérèse ce qui les fait admirer de tout le monde, qui
» est tous les jours de plus en plus édifié de la ferveur
» avec laquelle elles tendent à la perfection de leur
» état[1]. » Tel n'est pas l'avis de la Mère Prieure de
Meaux, comme le prouvent ses circulaires nombreuses.
Aussi a-t-elle supprimé tout ce passage. En d'autres

[1] *La Vie de saint Jean de la Croix*, in-4°, t. II, liv. X, ch. **xv**,
p. 314.

termes, la Révérende Mère Élisabeth de la Croix ne publie la vie de saint Jean de la Croix, par le P. Dosithée de Saint-Alexis, que pour y insérer des documents qui n'ont nul rapport à saint Jean de la Croix, qui ne sont pas dus à la plume du P. Dosithée, et qui sont absolument contraires à son esprit.

Il est bien vrai que, dans un court avertissement placé en tête du troisième volume, la Mère Prieure de Meaux écrit ces paroles : (Ceux qui aiment le Carmel) « liront avec joie les documents historiques, si rares et » si précieux, que nous avons la consolation de sauver » de l'oubli, et qui remettront la vérité dans tout son » éclat et son vrai jour. » Mais ces documents, où en commence, où en finit l'insertion? Quel est leur auteur? Quelle est leur valeur? Voilà ce qu'oublie de dire la Prieure de Meaux, omission d'autant plus singulière que, dans l'avertissement du premier volume, elle nomme un autre auteur auquel elle compte faire des emprunts en ce qui concerne la vie de saint Jean de la Croix, le P. Pierre de Saint-André.

Je vais tâcher de réparer l'omission de la Mère Élisabeth de la Croix. « Les documents si rares et si précieux » qu'elle publie, se trouvent tout au long dans un volume in-folio de 184 pages, divisé en trois sections et soixante-trois chapitres. Il a pour titre : *Abrégé de l'establissement des Carmélites de France* [1]. Cet abrégé est la suite d'un

---

[1] Et non pas *en France*, comme l'imprime à tort M. Gramidon, qui, trouvant sans doute que les mots Carmélites de France indiquent un *Carmel trop national*, change, de son autorité privée, le titre d'un ouvrage imprimé il y a deux cents ans. (*Notes historiques*, p. ix, p. clxvii, p. cc, etc., etc.)

autre ouvrage du même format et publié à Paris, chez
Angot, en 1665, sous le titre d'*Annales des Carmes dé-*
chaussés de France et des Carmélites qui sont sous le gou-
vernement de l'Ordre. L'auteur est le P. Louis de Sainte-
Thérèse, Carme déchaussé, visiteur général.

L'*Abrégé de l'establissement* se termine brusquement,
pour un motif que la Révérende Mère Prieure de Meaux
ne nous donne pas, mais que nous apprend le P. Lelong : « Cet abrégé n'a pas été entièrement imprimé »,
dit-il, « parce que le supérieur de l'auteur ne voulut
» rien avoir à démêler avec les Carmélites de France[1]. »

Le *document si rare*, que la Révérende Mère Prieure
de Meaux se fait une joie d'offrir aux amis du Carmel,
est donc un ouvrage qu'en plein dix-septième siècle le
général des Carmes, soucieux de garder la paix, faisait
défense à un de ses Religieux de publier.

Si du moins, puisqu'elle tient « à sauver de l'oubli »
le travail du P. Louis de Sainte-Thérèse, la Mère Élisabeth le publiait intégralement ! Malheureusement elle
traite le P. Louis de Sainte-Thérèse comme le P. Dosithée de Saint-Alexis, elle n'y prend que ce qui lui plaît.

C'est ainsi qu'après avoir poussé le scrupule de la
fidélité jusqu'à copier les éloges décernés par le P. Louis
au fameux Palafox[2], et qui ne seront certainement pas

---

[1] *Bibliothèque historique de la France*, par J. LELONG, prêtre de
l'Oratoire. Nouv. édit., par M. Févret de Fontette. Paris, 1768, in-fol.,
t. I, liv. II, n° 14966, p. 904.

[2] « L'évêque Dom Jean de Palafox et Mendozze, évêque d'Osme,
» célèbre en sainteté et en ses écrits, a fait des remarques très-doctes et
» très-judicieuses sur lesdites lettres (les lettres de sainte Thérèse). »(*Vie*
de saint Jean de la Croix, t. III, liv. X, p. 130.) — On sait avec
quel zèle les Jansénistes ont répandu les écrits de Palafox, dont Arnauld
a publié la vie.

ratifiés par le R. P. Bouix, la Mère Prieure de Meaux fait des suppressions de nature à égarer complétement le jugement du lecteur.

L'ouvrage du P. Louis de Sainte-Thérèse est en effet divisé, comme je l'ai déjà dit, en trois sections. La troisième contient les chapitres suivants :

Chapitre LIX. Des visiteurs desdites Religieuses.

Chap. LX. Urbain VIII rétablit le visiteur triennal et en adjoint un deuxième.

Chap. LXI. Des trois supérieurs des Carmélites de France establis par Clément VIII.

Chap. LXII. Diversité de manuels et de constitutions parmy les Carmélites de France.

Chap. LXIII. Règlements faits pour les Carmélites de France par leurs supérieurs et Souverains Pontifes.

De ces chapitres, la Révérende Mère Prieure de Meaux ne cite rien. Ce ne sont plus des *documents rares et pré-cieux.* Pourquoi? Parce que le seul énoncé de ces chapitres prouverait combien sont légitimes l'existence et le gouvernement du Carmel de France, que les Souverains Pontifes ont réglé et surveillé avec tant de soin.

Telles sont les pièces que la Révérende Mère a eu *la consolation de sauver de l'oubli.* On voit quel fonds un lecteur sérieux peut faire sur des documents dont on ne donne ni la source, ni l'auteur, ni la totalité. Ces documents, je ne les discute pas en eux-mêmes. On peut voir ailleurs [1] quelle importance il convient d'y attacher. Je vais du reste y revenir en parlant du volume de M. Gramidon.

---

[1] *Le Père de Bérulle et l'Oratoire de Jésus*, ch. IV, IX, X, XI.

DEUXIÈME PARTIE.

LES PROCÉDÉS.

« Dieu préserve la Compagnie de Saint-Sulpice de
» voir ses traditions domestiques et tout son passé sou-
» mis aux investigations d'une procédure marquée au
» coin de celle qui s'étale dans plusieurs chapitres dont
» la lecture ne nous a pas causé moins de surprise que
» de tristesse [1]. »

C'est de cette procédure si sévèrement jugée par
Mgr l'évêque de Poitiers, que je dois m'occuper d'abord.
Il importe de signaler au lecteur les insinuations, les
confusions, les suppressions arbitraires, le constant parti
pris de M. Gramidon.

I

Les insinuations. On en trouve à chaque page.
M. Gramidon sent bien qu'il ne pourrait dire franchement tout ce qu'il pense de M. de Bérulle, sans s'exposer à voir nombre de lecteurs fermer aussitôt le livre.
Pour les retenir, il se contente d'insinuer. Veut-on des
exemples ? Citons d'abord le petit portrait que M. Gramidon trace de M. de Bérulle. C'est le chef-d'œuvre du
genre. Rien de plus inoffensif en apparence. Tout y est si
habilement ménagé ! Mais l'impression qu'on en retire, —
et elle est voulue du peintre, — c'est que les éloges décernés

[1] *Lettre pastorale de Mgr l'évêque de Poitiers.*

à l'enfance de M. de Bérulle sont de pieuses imagina-
tions ; qu'en définitive ce fut un jeune homme qu'aucun
Ordre religieux ne consentit à recevoir ; qui était inca-
pable, — probablement faute de jugement, — de rien
comprendre à l'étude du droit, et se montrait déjà fort
enclin à la dissimulation. Après avoir raconté comment, pour légitimer ses fréquentes visites à mademoi-
selle Dabra de Raconis, qu'il travaillait à convertir, M. de
Bérulle se faisait passer pour son parent : « L'impression
» qu'on éprouve en voyant ce pieux jeune homme re-
» courir à cette feinte », conclut suavement M. Gramidon, « ne doit pas faire oublier qu'il ne s'y portait que
» par un motif de zèle [1]. »

Quelle indulgence ! Le trait final est tellement dans la
manière du peintre, qu'achevant plus loin le portrait de
M. de Bérulle, et cette fois d'un pinceau moins caressant,
après avoir rappelé *ses habiletés, ses réticences, ses paroles violentes, ses abstentions calculées, ses plaintes
amères*, il ne peut se décider à finir sans avoir parlé des
intentions toujours bonnes du visiteur des Carmélites [2].
Vraiment le miel abonde dans ce livre,

> Et jusqu'à Je vous hais, tout s'y dit tendrement.

Malgré ses *intentions toujours bonnes*, M. de Bérulle
avait encore un autre défaut, et M. Gramidon n'aurait
garde de l'oublier. Il était gallican, et même janséniste.
Je ne puis avoir la prétention de convaincre M. Gramidon du contraire. Après l'échec de mon premier volume,

[1] *Notes historiques*, ch. v, p. 73.
[2] *Id.*, ch. x, p. 203.

qu'augurer du second? Mais ce qu'il faut examiner ici,
c'est la forme que revêt l'accusation. A propos d'une
citation de Tabaraud [1] : « Il est triste de voir les jansé-
» nistes entourer toujours de leur faveur compromettante
» M. de Bérulle et le grand couvent [2] », remarque l'auteur des *Notes*. Dans sa préoccupation, il oublie que du
vivant de M. de Bérulle, le grand couvent était gou-
verné soit par la Mère Madeleine de Saint-Joseph, soit
par des Religieuses remplies du même esprit qu'elle.
Pour insinuer que M. de Bérulle est janséniste, M. Gramidon en est donc réduit à insinuer que la Mère Madeleine de Saint-Joseph l'était aussi : la Mère Madeleine,
dont la cause de béatification se poursuit à Rome! Ici
l'habileté se prend dans ses propres filets.

Mais, si émoussée que soit l'arme, elle ne laisse pas
que de pouvoir faire des blessures. M. Gramidon le sait.
Aussi, pour mettre hors de combat ceux qui ne recon-
naissent pas la nouvelle réformatrice du Carmel, ne man-
que-t-il pas d'insinuer que si on ne suit pas le mouvement imprimé par Meaux, on se montre vraiment par
trop fidèle « à cette école de libertés séparées et de
» doctrines séparées qui déjà (du temps de M. de Bérulle)
» jetait dans les esprits le germe des divisions funestes
» dont l'Église de France a si longtemps souffert [3] ». Les
Carmes autrefois accusaient le nonce Bentivoglio, coupable de soutenir M. de Bérulle, d'être un gallican [4]; le

---

[1] Voyez ce que j'ai dit de Tabaraud. (*M. de Bérulle*, Introd., p. 15.)
[2] *Notes historiques*, ch. x, p. 207.
[3] *Notes historiques*, Conclusion, p. 224.
[4] *Le Père de Bérulle et l'Oratoire de Jésus*, ch. ix.

même reproche se reproduit de nos jours. M. Gramidon, il est vrai, n'emploie pas un si gros mot. Sa plume affectionne des expressions moins anguleuses : *libertés séparées, doctrines séparées, Carmel séparé*. Le mot *séparé* à son oreille est doux. Au fond, l'on sait ce que cela veut dire. La Mère Élisabeth ignore ces détours. Elle célèbre dans je ne sais quelle lettre la ruine du gallicanisme, auquel sa réforme portera sans doute le coup suprême [1]. Elle le prend sur un ton fort haut avec la Prieure du premier couvent, qui a employé l'expression « *près la Cour de Rome*, expression *exhumée du tombeau des parlements, et qui sonne mal* », remarque-t-elle gravement. Vraiment, quand on songe que ces solennels avertissements, qu'ils sortent de Saint-Sulpice ou de Meaux, sont surtout à l'adresse du diocèse de Poitiers, n'était le sérieux du sujet et la tristesse d'une telle lutte, on n'y répondrait que par le sourire du dédain.

On pense bien que celui qui écrit ces lignes n'est point ménagé, quoique les formes extérieures soient toujours respectées. A propos de la Révérende Mère Anne de Jésus et du portrait que j'en ai tracé, — portrait que des hommes dont M. Gramidon ne répudierait pas

---

[1] Cette circulaire est datée de Meaux, 20 septembre 1868. Dès la première page, la Prieure de Meaux, qui joint à toutes ses connaissances celle du droit canon : « *Cour romaine*, dit-elle, *expression à l'usage de l'auteur de la circulaire du monastère de l'Incarnation.* » Sa Révérence se trompe. Le mot *Curia romana* (je le cite, parce que la Mère de Meaux sait le latin : *Quid de jure, quid de facto*, s'écrie-t-elle) se trouve en de forts bons endroits. Mais sans nous élever jusqu'aux in-folio, que la Révérende Mère Élisabeth se procure quelques-uns des Brefs imprimés pour l'année 1873 en France, elle y verra en toutes lettres les mots *Cour de Rome*, à propos des causes qui y sont déférées. Je me borne à lui en citer deux, le Bref de Séez et le Bref de Versailles.

l'autorité ont trouvé très-respectueux,—l'auteur des *Notes*
veut bien, avec une douceur protectrice, déplorer mes
insinuations. Il se trompe, l'insinuation est un art que
j'ignore absolument ; mais je me permettrai d'ajouter,
— et tous ceux qui ont lu son livre seront de mon avis,
— qu'il y excelle.

II

A l'insinuation, M. Gramidon joint agréablement
la confusion. Il confond tantôt les personnes, tantôt les
choses, d'une manière tellement heureuse pour sa thèse,
que vraiment il est difficile d'y voir un simple hasard.

Dans les différends avec les Mères espagnoles et les
Pères Carmes, si on en juge par le livre de M. Gramidon, M. de Bérulle est non-seulement coupable, mais seul
coupable : c'est toujours lui qui parait sur la scène, et cependant M. Gramidon sait fort bien que, dans tous ces
douloureux débats, M. du Val et M. Gallemant, M. du
Val surtout, pensaient comme M. de Bérulle et agissaient
de concert avec lui ; que M. Gramidon me permette de
lui rappeler une lettre de la Mère Anne de Jésus, qu'il a
dû lire[1]. M. Gramidon sait si bien cela, qu'il cite M. du
Val comme ayant, par la publication d'un nouveau manuel en 1628, contribué à éloigner le Carmel français
du gouvernement et de l'esprit de l'Ordre[2]. Mais pourquoi alors, dans tout le reste du livre, mettre M. de
Bérulle seul en avant ?

[1] *M. de Bérulle et les Carmélites,* Pièces justificatives, p. 553. Voyez
aussi *le P. de Bérulle et l'Oratoire de Jésus,* ch. xi, et la lettre de
M. du Val qui y est citéé.
[2] *Notes historiques,* ch. x, p. 211.

Parce que c'est M. de Bérulle qu'il faut renverser, parce que, pour le renverser, il faut insinuer qu'il contribua à répandre le gallicanisme dans le Carmel. Or les gens sérieux se prendraient aussitôt à douter de l'affirmation, si on adjoignait, en pareille circonstance, au nom de M. de Bérulle le nom de M. du Val, l'un des théologiens les plus ultramontains qu'ait vus la Sorbonne.

Ailleurs, M. Gramidon raconte la visite que M. de Marillac fit au P. Denis de la Mère de Dieu, et la déclaration qui s'ensuivit. Dans tout ce récit, M. Gramidon affecte de nommer M. de Bérulle comme ayant chargé M. de Marillac de traiter cette affaire. Or M. de Marillac, qui a seul raconté l'entrevue dans tous ses détails, ne dit mot d'une commission quelconque reçue de M. de Bérulle. « Je priay (ces Pères) », dit-il, « de la part des » Religieuses du monastère de l'Incarnation [1]... » — Il serait infini de citer tous les traits de ce genre.

Ce ne sont pas seulement les personnes que l'auteur des *Notes* confond, ce sont les choses.

« M. de Bérulle », dit-il, « sait bien que la bulle de » Clément VIII n'a établi les supérieurs français que pro- » visoirement [2]. » Et devant une affirmation si nette, le lecteur, qui n'a pas sous les yeux la bulle de Clément VIII, croit naturellement ce qu'on lui dit. Or cette affirmation n'est point exacte. M. Gramidon confond les supérieurs avec le visiteur. Le visiteur était *provisoirement* le Prieur général des Chartreux, jusqu'à ce que les Carmes vinssent en France. Mais il n'est nullement dit que le

[1] *De l'érection et institution de l'Ordre des Religieuses de Notre-Dame du Mont-Carmel*, par messire MICHEL DE MARILLAC. Paris, 1622.
[2] *Notes historiques*, ch. VII, p. 138, p. 146.

2.

pouvoir des supérieurs fût *provisoire* [1]. Aussi Paul V,
dans son Bref du 9 septembre 1606 [2], modifie le gouvernement en ce qui touche au visiteur, mais il ne dit
rien des supérieurs : silence qu'il n'aurait pu garder
si leur pouvoir n'eût été que provisoire. Cette distinction génerait M. Gramidon ; il préfère tout confondre.

Autre confusion. M. Gramidon cite une lettre de
Madame Jourdain (depuis Sœur Louise de Jésus), conservée aux Carmélites de la rue d'Enfer [3], et il y attache
une grande importance. Madame Jourdain raconte que
la Mère Anne de Jésus « avait refusé un instant de
» prendre possession du couvent, dans la crainte que
» l'on ne fît des changements aux règles et Constitu-
» tions », mais que, « sur l'assurance formelle que les
» supérieurs lui donnèrent de n'en faire aucun et de lui
» laisser toute liberté sur ce sujet, la Vénérable Mère
» commença son œuvre et la gouverna à la plus grande
» gloire de Dieu [4] » .

Du gouvernement des Carmes, pas un mot dans cette
lettre ; mais M. Gramidon confond tout cela, et conclut
que, « *malgré les assurances données à la Mère Anne de
Jésus* » (qu'elle aurait un jour des Carmes pour la gou-

---

[1] Voyez *M. de Bérulle et les Carmélites*, Pièces justificatives, n° III,
p. 527 et suiv.

[2] *Id.*, n° VI, p. 547.

[3] « Comment M. Houssaye, qui a pu librement fouiller les archives du
» monastère de l'Incarnation, n'a-t-il pas connu la lettre de madame Jour-
» dain ? » (Ch. VI, p. 103.) M. Gramidon sait parfaitement, car j'ai eu l'honneur de le lui dire de vive voix, que je n'ai point eu connaissance de
la lettre de madame Jourdain. Les Révérendes Mères Carmélites ont eu la
bonté de me prêter un certain nombre de documents ; mais je n'ai pas
librement fouillé dans leurs archives. M. Gramidon le sait encore.
Pourquoi alors cette insinuation ?

[4] *Notes historiques*, ch. VI, p. 100.

verner), M. de Bérulle, oublieux de sa parole, ne consentit jamais à favoriser ses désirs [1]. Il est facile d'avoir raison de ses adversaires quand on fait dire aux documents ce dont on a besoin.

Mais voici ce qui me semble dépasser tout. Il est un mot qui indigne M. Gramidon : c'est celui de *Carmel national*. Sous ce mot, il découvre un monceau de vilaines choses, du gallicanisme, du séparatisme, du parlementarisme, du jansénisme, etc. Aussi le P. de Bérulle nous apparaît-il toujours, dans ses portraits, suivi de l'ombre menaçante du *Carmel national séparé*. *Carmel national séparé*, c'est toute la vie du P. de Bérulle : c'est tout mon livre. Je suis même l'inventeur — breveté par M. Gramidon — de cette expression néfaste. Il renvoie à la page où je l'ai employée [2] : quinze fois il la rappelle... Eh bien !... ce mot odieux... n'est nulle part dans mon livre ; ni à la page indiquée, ni à aucune autre. Et vraiment, vu le sens coupable que M. Gramidon y attache, — n'était la légèreté avec laquelle il copie les notes qu'on lui fournit, — je serais en droit de dire qu'il m'a calomnié.

III

En même temps que M. Gramidon insinue beaucoup de choses et en confond un certain nombre, il en supprime quelques-unes qu'il serait cependant utile au lecteur de connaître, telles que les Brefs des Souverains Pontifes, qui ont jugé le différend dans un sens absolument

---

[1] *Id.*, ch. ix, p. 171.

[2] « L'état actuel des couvents qu'on appelle le Carmel national. » (*Notes historiques*, p. vi.)— « Son Carmel national, comme l'appelle » M. Houssaye, p. 288. » (*Notes historiques*, ch. v, p. 82.)

contraire au sien, puisqu'ils ont donné raison à M. de Bérulle. J'y reviendrai. Je me borne ici à signaler au lecteur attentif quelques-unes de ces suppressions.

Lorsque les Carmes vinrent s'établir en France, M. de Marillac, on se le rappelle, se rendit auprès d'eux pour leur demander de la part des Religieuses du monastère de l'Incarnation s'ils prétendaient avoir la charge de leur monastère. Ils répondirent verbalement que non, et le P. Denis de la Mère de Dieu en écrivit même de sa main la déclaration. Le texte nous en est connu par M. de Marillac. M. Gramidon passe sous silence la réponse verbale du P. Denis, et quant à sa déclaration écrite, on va voir ce qu'il en fait.

TEXTE DE M. DE MARILLAC [1].

« Nous n'avons aucune » charge ny intention de nous » y ingérer (dans le gouver- » nement des Carmélites), et AU » CONTRAIRE NOUS AVONS CHARGE » DUDIT R. P. GÉNÉRAL DE NE » NOUS Y INGÉRER ET N'en ac- » cepter aucune conduite ny » gouvernement. »

TEXTE DE M. GRAMIDON [2].

« Nous n'avons aucune » charge ni intention de nous » y ingérer (dans le gouver- » nement des Carmélites) et » d'en accepter aucune con- » duite ni gouvernement. »

Ainsi M. Gramidon passe absolument sous silence la défense faite par le Général des Carmes à ses Religieux de s'ingérer dans la conduite des Carmélites! Fort de ce texte tronqué, l'auteur des *Notes* m'accable de l'air le

[1] M. de MARILLAC, *De l'érection*, p. 30. — *M. de Bérulle et les Carmélites de France*, ch. XVII, p. 503.
[2] *Notes historiques*, ch. VII, p. 141.

plus triomphant du monde : « Ce sont les supérieurs
» français qui oublient toutes les convenances et toutes
» leurs paroles. Ce sont eux qui envoient le garde des
» sceaux imposer aux Religieux de signer un acte de
» renonciation aux droits réservés dans la bulle de Clé-
» ment VIII et reconnus par M. de Bérulle... » Tout cela
ne signifie plus rien du moment où l'on rétablit la phrase
supprimée par M. Gramidon. Mais de plus, autant de
mots, autant d'inexactitudes : 1° M. de Marillac ne fut
nommé garde des sceaux que le 1er juin 1626. Nous en
sommes loin en 1611, et il n'avait point alors l'autorité
que lui prête, avant le temps et pour le besoin de la cause,
M. Gramidon. 2° La bulle de Clément VIII ne donnait
aux Religieux italiens — et les Carmes dont il s'agit ap-
tenaient à la Congrégation de Saint-Élie — aucun des
droits dont parle M. Gramidon. 3° M. de Marillac n'im-
posa rien. Ce fut seulement après que les Religieux
lui eurent protesté qu'ils avaient défense de réciter même
un *Pater* et un *Ave* dans les églises des Carmélites, qu'il
leur demanda s'ils voulaient lui donner cette déclara-
ration par écrit. M. Gramidon tronque le récit aussi
bien que la déclaration. Puis il ajoute : « J'ai peine à
» croire que le P. Denys, comme le dit M. Houssaye, ne
» parut en aucune sorte blessé de cette démarche et de
» cette demande [1] ». Je le pense bien, si l'on juge ces
choses d'après le texte deux fois altéré de M. Gramidon.
Mais tout se comprend si l'on recourt au texte original.
Les Religieux ne purent être blessés qu'on leur demandât
d'écrire ce qu'ils venaient de dire librement ; et il ne dut

[1] *Notes historiques*, ch. XII, p. 145.

pas leur en coûter de déclarer qu'ils ne se proposaient pas
de gouverner les Carmélites, puisqu'ils avaient défense
de leur Général de se méler de leur conduite. Mais tout
cela embarrassait M. Gramidon, il l'a supprimé.

Autre suppression. Il s'agit d'un usage importé en
France par les Mères espagnoles et que M. de Bérulle
interdit. M. Gramidon me cite : « Selon l'usage d'Es-
» pagne, les Mères chantaient tout en filant. Souvent
» elles s'interrompaient, et, apostrophant Notre-Seigneur,
» elles lui adressaient à haute voix, dans le langage le
» plus naïf et le plus tendre, les protestations de leur
» amour. M. de Bérulle, dont la charité était réglée dans
» ses manifestations par un bon sens tout français, n'ap-
» prouva pas cet usage, et le supprima. Il respectait la
» liberté, mais il voulait qu'elle eût des bornes [1]... Il
» respecta la liberté en la supprimant », continue spirituellement M. Gramidon. Ainsi présentée, la conduite de
M. de Bérulle est inexplicable en effet. Mais ici encore
M. Gramidon a fait en plein bois une coupe qui lui ouvre
un chemin commode. Voici le récit tel que je l'ai donné
d'après les Chroniques. « Jésus-Christ au tabernacle
» attirait si puissamment les saintes Religieuses, qu'elles
» passaient la plus grande partie de leur vie à ses pieds,
» et comme, en dehors des heures de communauté, le
» travail est de rigueur, elles croyaient tout concilier en
» apportant leur quenouille au chœur ou dans leur ora-
» toire. Là, assises sur leurs talons, elles chantaient tout
» en filant [2] », et le reste cité par M. Gramidon. Dans

[1] *Notes historiques*, ch. vi, p. 113.
[2] *M. de Bérulle et les Carmélites de France*, ch. xii, p. 377.

le récit tronqué tel que le donne cet auteur, M. de
Bérulle interdit aux Carmélites de parler à Notre-Seigneur
de leur amour, à haute voix, et tout en filant! Dans le récit
vrai, M. de Bérulle interdit aux Carmélites de parler tout
haut dans le chœur et dans l'oratoire, et de s'y installer
pour filer. Je ne sais si cela se pratique à Meaux, mais
à coup sûr, ce n'est pas nécessaire pour être fidèle à
l'esprit de sainte Thérèse. Que dire cependant d'un
auteur qui supprime avec un tel arbitraire la moitié d'un
récit, et en change aussi complétement le sens! Après
cela, je n'ai pas le courage de relever les conséquences
tirées par M. Gramidon d'un passage tronqué. J'en
appelle à la conscience du lecteur.

IV

Est-il besoin d'ajouter que dans ce petit livre, depuis
le premier mot jusqu'au dernier, le parti pris est absolu
contre M. de Bérulle? Tout ce que j'ai cité jusqu'ici le
prouve surabondamment. Quelques exemples encore.

M. Gramidon attribue à M. de Bérulle des promesses
dont j'ai déjà discuté et discuterai encore le sens et la
valeur, et il est indigné, ainsi qu'on vient de le voir, de
son manque de probité. Or les Carmes, — même dans
l'édition infidèle de M. Gramidon, — déclarent qu'ils
n'ont aucune prétention au gouvernement des Carmélites, et qu'autant que besoin serait, ils y renoncent.
Ils écrivent et signent cela en 1611, «pour en finir.» En
1622, au contraire, ils prétendent à ce même gouvernement, ils le réclament comme leur droit. Que va faire
M. Gramidon, si indigné de la prétendue déloyauté du

P. de Bérulle? En présence des Pères Carmes oubliant si
aisément une parole donnée, d'après lui, sans l'intention
de la tenir, aura-t-il un mot de blâme? Aucun. Il trouve
naturel que le P. Denis, comprenant la gravité de la situation, ait signé pour en finir[1]. Toujours deux morales.

Mais où le parti pris amène les résultats les plus curieux, c'est lorsqu'il s'agit de la Révérende Mère Anne
de Jésus. M. Gramidon, affligé « de retrouver toujours
» dans ce que j'écris les mêmes insinuations défavorables
» aux Mères espagnoles[2] », se scandalise que j'aie osé
parler de la sévérité de la Mère Anne de Jésus[3]. Je ne
puis ici que prier le lecteur de relire les pages incriminées. Je n'insinue rien, je dis les choses telles qu'elles
ressortent pour moi des documents que j'ai consultés, et
j'en accepte la responsabilité. Eh bien, oui, la Mère Anne
de Jésus, que je vénère comme une sainte Religieuse, était
naturellement portée à la sévérité. « Son austère visage
» en portait lui-même les traces, et la froideur de son
» aspect retardait souvent une ouverture que lui aurait
» attirée, sans réserve, sa sainteté consommée[4]. » Je l'ai
dit et ne le rétracte point. M. Gramidon, pour me convaincre d'irrévérence, cite une lettre de sainte Thérèse à la Mère Anne de Jésus, dont il ne donne pas
la date. Elle est du commencement de 1579. Puisqu'il me force à lui prouver que je ne fausse pas l'histoire, je transcrirai ici quelques passages d'une autre
lettre de sainte Thérèse écrite à la Mère Anne de Jésus,

[1] *Notes historiques*, ch. xii, p. 141, 142.
[2] *Notes historiques*, ch. vi, p. 114.
[3] *Notes historiques*, ch. vi, p. 106.
[4] *M. de Bérulle et les Carmélites*, p. 376.

trois ans plus tard que celle dont M. Gramidon imprime un fragment [1].

Sainte Thérèse regrette que la Mère Anne n'ait pas mieux conduit la fondation de Grenade. Voici en quels termes elle s'exprime :

« En vérité, c'est chose charmante que de vous plain-
» dre, vous et vos filles, de notre Père Provincial, après
» avoir négligé de lui écrire depuis que vous lui aviez
» annoncé votre établissement à Grenade. Et envers
» moi, vous en avez usé de même; car je n'ai eu con-
» naissance de ce qui s'est passé chez vous que par la
» Mère Prieure de Séville, qui me manda avoir ouï dire
» que vous achetiez une maison de douze mille ducats.
» Je fis part de cette nouvelle au Père Provincial, qui était
» ici le jour de la Sainte-Croix, et qui ne savait rien de
» vos affaires. Il n'est pas étonnant qu'à la vue d'une si
» grande prospérité on vous ait envoyé des patentes un
» peu restreintes. Mais j'avoue que l'artifice dont mes
» filles de Grenade ont usé pour ne pas obéir m'a sensi-
» blement touchée par le scandale qu'il causera dans tout
» l'Ordre, et parce que les Prieures pourront se donner
» à l'avenir de ces sortes de libertés, qu'elles croiront
» toujours pouvoir excuser. D'ailleurs, ma Révérende
» Mère, la fortune des messieurs qui vous ont accueillies
» étant aussi limitée que vous le dites, il faut convenir
» que ce n'a pas été une petite indiscrétion que d'avoir

---

[1] *Lettres de sainte Thérèse*, traduites par le P. Bouix de la Compagnie de Jésus, t. III, p. 69 et 502. La lettre dont je donne ici quelques fragments est datée de Burgos, 30 mai 1582. Voyez aussi la manière dont la Mère Anne de Jésus parle de la Mère Anne de Saint-Barthélemy. (*M. de Bérulle et les Carmélites*, Pièces justificatives, p. 553.)

» amené avec vous tant de Religieuses. Et puis, envoyer
» si loin ces pauvres filles qui ne faisaient que d'arriver!
» Je ne conçois pas comment vous en avez eu le cœur... »

Parlant ensuite des novices : « Il est de toute néces-
» sité, dit la Sainte, d'aviser au moyen de recevoir des
» novices; mais il paraît, ma Mère, que vous vous
» montrez très-difficile sur ce point; car que dans une
» ville aussi populeuse que Grenade vous ne trouviez
» pas un sujet de votre goût, c'est, ce me semble,
» pousser les choses jusqu'à la minutie. »

Puis sainte Thérèse se plaint de ce que les Religieuses,
dont la Mère Anne de Jésus était Prieure, lui témoi-
gnaient un attachement trop vif : « Je ne veux pas, ma
» chère Mère, que cette maison de Grenade prenne
» dans ses commencements le même chemin que celle
» de Veas. Je n'ai jamais oublié une lettre qu'on m'é-
» crivit de ce monastère lorsque vous quittâtes la charge
» de Prieure. Une Carmélite mitigée n'en eût jamais
» écrit de pareille. »

Et la sainte fondatrice ajoute ces graves paroles :
« Comment se fait-il, ma Mère, qu'on se soit tant oc-
» cupé parmi vous à remarquer si le Père Provincial vous
» nomme Présidente, Prieure, ou bien par votre nom?
» Il est visible que si vous n'étiez pas à la tête de la
» communauté, il ne s'adresserait pas à vous plutôt
» qu'à une autre, puisqu'il y en a qui, comme Votre
» Révérence, ont été Prieures. On a eu si peu de soin
» de l'avertir de ce qui s'est passé chez vous, qu'il ne
» sait pas même si vous avez fait des élections. En vé-
» rité, c'est un affront pour nous que des Carmélites dé-

» chaussées en soient venues jusqu'à donner une attention
» si sérieuse à des choses si basses; que non-seulement
» elles s'en soient occupées, mais qu'elles en aient fait
» le sujet de leurs entretiens et de leurs plaintes, et que
» la Mère Marie du Christ y ait attaché tant d'impor-
» tance. Il faut, ou que la peine vous ait fait perdre
» l'esprit, ou bien que ce soit le démon qui commence à
» semer d'infernales tendances dans notre Ordre. Et
» après cela, la Mère Marie du Christ loue le mérite de
» Votre Révérence et publie que vous êtes fort vaillante:
» comme si la soumission eût dû vous enlever le carac-
» tère d'héroïne! Dieu fasse la grâce à mes Carmélites
» déchaussées d'être humbles, obéissantes et soumises;
» car toute cette vaillance sans la vertu est la source de
» bien des imperfections. »

De telles paroles me dispensent de me disculper plus
longtemps de ma prétendue malveillance pour la Révérende Mère Anne de Jésus.

Mais ce qui montre plus clairement encore le parti
pris de M. Gramidon, c'est la contradiction de ses jugements, selon que le P. de Bérulle ou les Pères Carmes
sont en cause.

Un jour, au grand couvent, la Mère Anne de Jésus
prononçant à l'espagnole le latin d'un capitule, les novices ne parviennent pas à dominer quelques rires. La
Mère Anne les prive de la communion. Je me permets
de trouver la punition un peu sévère, et j'ajoute que
« M. de Bérulle survenant sur ces entrefaites, réconcilia
» les filles avec la Mère et fit lever la punition. » —
« M. de Bérulle, bien jeune encore », reprend M. Gra-

midon, « agit-il sagement, et la Mère Anne n'avait-elle
» pas raison de réprimer ces rires légers, fort innocents,
» mais trop souvent répétés? » Je baisse pavillon devant
ce *trop souvent répétés*. Il est clair que la Mère Anne n'aurait pu tolérer que l'office dégénérât en accès de gaieté
folle. Malheureusement ce précieux *trop souvent répétés*
est de l'invention de l'auteur des *Notes* [1]. Ailleurs, pour
donner raison à la Mère Anne de Jésus, M. Gramidon
supprimait des membres entiers de phrases; ici, il en
ajoute. Le procédé varie, mais le but est atteint.

Ce qui n'est pas moins singulier, c'est que M. Gramidon, si ardent à blâmer M. de Bérulle comme ayant
abusé de son pouvoir dans la direction de la Mère Anne
de Jésus [2], trouve que la Mère Anne de Jésus était d'un
caractère entreprenant, et que le P. Nicolas Doria, Vicaire
général des Carmes, fut *justement mécontent de sa conduite* [3].

Quel était donc le crime de la Mère Anne de Jésus?
Elle avait recouru au Pape pour en obtenir le maintien
de l'intégrité des Constitutions et de la forme du gouvernement sous lesquelles avait vécu et était morte sainte
Thérèse. Et qu'on le remarque, elle s'estimait en cela si
peu fautive, que, même à l'heure de la mort, pressée
par son confesseur, qui était un Père Carme, elle refusa
absolument de s'accuser d'avoir offensé Dieu et ses supérieurs dans toute cette affaire.

---

[1] *Notes historiques*, ch. vi, p. 110. — *M. de Bérulle et les Carmélites de France,* ch. xii, p. 376. Voyez *Chroniques de l'Ordre des Carmélites en France.* Troyes, 1846, t. I, p. 129.
[2] *Notes historiques,* ch. vi, p. 107 et suiv.
[3] *Notes historiques,* ch. ii, p. 34.

M. Gramidon, qui reproche si amèrement à M. de Bérulle sa sévérité parce qu'il retira à la Mère Anne de Saint-
Barthélemy [1] une statue à laquelle elle tenait, aura sans
doute un mot de blâme pour l'incroyable dureté dont le
P. Nicolas Doria usa envers la Mère Anne de Jésus, qu'il
priva de tout office et de la communion de tous les jours,
la réduisant à celles du couvent, durant une année entière; même après que la crainte de retomber sous le gouvernement des mitigés lui eût fait sacrifier le Bref déjà
obtenu du Saint-Siége contre Doria. — « Justement
mécontent de la conduite de la Mère Anne, il la traita
elle et ses Sœurs avec une rigueur extrême », — dit
en passant le censeur de M. de Bérulle; et il ne trouve
rien à ajouter sur les excès de pouvoir de ce « rude Gé-
nois », comme l'appelle le P. Bouix.

En voilà assez, je pense, pour que le lecteur puisse se
rendre compte de la *procédure* de l'auteur des *Notes* et
s'explique *la surprise et la tristesse* que Mgr l'évêque de
Poitiers a souvent ressenties en la lisant.

[1] Et non pas à la Mère Anne de Jésus, comme je l'ai dit à tort,
trompé par la similitude des noms. M. Gramidon relève mon erreur
(p. 116). C'est son droit. Je me permettrai seulement de lui faire remarquer que cette confusion ne m'était nullement utile, au contraire,
puisque grâce à elle je montre M. de Bérulle sévère envers une sainte
Religieuse, bien plus favorable à la France que la Mère Anne de Jésus.

[2] Je crains que M. Gramidon ne connaisse la *Vie de la Vénérable
Mère Anne de Jésus*, du P. Maître ANGE MANRIQUE, Bruxelles, 1639,
in-4°, que par des extraits. Je me permets donc de lui recommander la
lecture du livre V, y compris le prologue. Dans le chapitre Ier, il trouvera
aussi de fort sages conseils.

TROISIÈME PARTIE.

LA THÈSE.

J'arrive maintenant à la thèse méme de M. Gramidon : savoir, que le P. de Bérulle a faussé l'esprit et les
Constitutions du Carmel. J'affirme qu'elle est insoute-
nable, parce que l'auteur des *Notes* a contre lui 1° l'autorité des Saints; 2° l'autorité des nonces; 3° l'autorité
du Saint-Siége lui-méme.

§ Ier.

LES SAINTS.

Les Saints d'abord :

Je pourrais citer de nouveau saint François de
Sales, que M. Gramidon du reste renvoie lestement à
l'école[1]. Je me borne à la Bienheureuse Marie de l'Incarnation et à la Mère Madeleine de Saint-Joseph, dont
l'une a été déclarée Bienheureuse, l'autre Vénérable par
le Saint-Siége ; et je soutiens que toutes les accusations
formulées par M. Gramidon contre M. de Bérulle re-
tombent sur elles.

I

I. En ce qui concerne la Bienheureuse Marie de l'Incarnation, le fait est patent. Et c'est ici que le lecteur va se
rendre compte facilement de la manière dont M. Gramidon écrit l'histoire.

---

[1] *Notes historiques.* Pièces justificatives, n° III, p. 281, note 2.

« Du moment », dit-il, « que M. de Bérulle résolut
» d'établir des Carmélites en France, il paraît avoir conçu
» le plan de les soustraire au gouvernement des Carmes,
» de fonder un Carmel hors de la juridiction de l'Ordre,
» un Carmel national auquel il donnerait un esprit sé-
» paré[1]. » — Il ressort de là que c'est M. de Bérulle
seul qui conçut le plan de soustraire les Carmélites de
France au gouvernement de l'Ordre. Cette affirmation
est absolument fausse. La question fut traitée et résolue
dans l'assemblée qui se tint aux Chartreux, et où rien
ne se fit sans le conseil de madame Acarie. Saint François de Sales, qui y assistait, dit positivement dans sa
lettre à Clément VIII, que la question du gouvernement
des Carmélites par les Pères Carmes y fut débattue, et
qu'on vit bien qu'il ne fallait pas songer à avoir des Religieux. M. Gramidon, qui raconte l'assemblée des Chartreux[2], ne dit pas un mot de ces détails, afin de pouvoir faire peser plus librement tout le poids de son accusation sur la tête de M. de Bérulle seul.

Nous arrivons aux négociations en Espagne. Là
surtout M. Gramidon se donne carrière. Il ne les connaît que par les lettres autographes de M. de Bérulle
dont je donne des extraits, car, sauf deux fragments, il
ne faut pas chercher dans le livre de M. Gramidon des
pièces originales. Reprenant alors, avec plus de dou-

---

[1] *Notes historiques*, ch. v, p. 77.

[2] *Notes historiques*, ch. v, p. 71-75. M. Gramidon a compté sur des
lecteurs bien peu sérieux. Car la lettre de saint François de Sales à
Clément VIII, qu'il donne aux *Pièces justificatives*, suffit pour infirmer
son récit. Mais on ne lit pas les *Pièces justificatives*. — Voyez *M. de
Bérulle et les Carmélites de France*, ch. ix, p. 261.

ceur dans la forme, mais avec moins de franchise, l'argumentation du P. Carayon, M. Gramidon, sans oser accuser M. de Bérulle d'être un fourbe et un faussaire, pose des principes d'où le lecteur, pour peu qu'il soit logique, tirera la conclusion désirée. L'accusation se reproduisant, je dois reproduire la défense.

Les lettres incriminées sont adressées à madame Acarie, qui, après avoir déterminé M. de Bérulle au voyage, suivait de près toute la négociation. Or, madame Acarie a-t-elle, oui ou non, cessé ses relations avec M. de Bérulle après avoir reçu ces lettres? A-t-elle, oui ou non, en 1608, c'est-à-dire quatre ans après cette correspondance, déclaré au R. P. Coton, de la Compagnie de Jésus, que M. de Bérulle était appelé de Dieu à fonder une société qui manquait à l'Église[1]? A-t-elle continué, oui ou non, de le consulter et de lui écrire sur les secrets les plus intimes de son âme, comme en fait foi sa lettre de l'année 1615[2]. — M. Gramidon ne peut ignorer ce qu'il faut répondre. Donc, de deux choses l'une. Ou madame Acarie manquait, pour discerner ce qui est honnête de ce qui ne l'est pas, des lumières que possède M. Gramidon, et alors quel petit esprit! Ou bien, voyant que le procédé de M. de Bérulle était malhonnête, elle a néanmoins continué à chercher un conseil pour sa conscience, un directeur pour les Carmélites, un réformateur pour le clergé, en un homme qui, au jugement de M. Gramidon, trompa sciemment les Pères

1 Voyez Lettre du P. Coton à M. de Bérulle, du 8 août 1618. (Pièces justificatives, n° II, lettre II.)
2 Le Père de Bérulle et l'Oratoire de Jésus, par M. l'abbé HOUSSAYE. Plon, 1873; ch. IV, p. 95. Seconde partie de la Vie du Cardinal de Bérulle.

Carmes. Et alors, comment qualifier la faiblesse de cette femme admirable que l'Église a élevée sur les autels?

Ce n'est pas tout, M. Gramidon, qui cite des fragments des lettres de M. de Bérulle à madame Acarie, dans le but transparent de prouver combien il se montrait absolu et difficile dans le choix des Religieuses, se donne bien de garde de citer la lettre écrite par la Bienheureuse à M. de Bérulle alors qu'il était en Espagne, lettre que l'on peut lire dans Boucher. « Plus je vais » en avant », dit-elle, « plus je pense combien il est im- » portant que Dieu nous donne des âmes propres pour la » conduite de cet édifice; nous l'attendons du choix qu'il » vous fera la grâce de faire. Prenez-y garde, et ne dé- » férez pas tant à l'avis d'autrui que vous n'appliquiez » ce que Notre-Seigneur vous a prêté de lumières [1]. »

Quoiqu'il soit fastidieux de se citer soi-même, je suis obligé de renvoyer encore le lecteur à mon premier volume, où il verra madame Acarie partageant toujours les idées de M. de Bérulle ou lui faisant partager les siennes relativement au gouvernement des Carmélites.

Bien plus, le Bref du 17 avril 1614, par lequel Paul V nommait le P. de Bérulle, alors Général de l'Oratoire, visiteur de tous les monastères de Carmélites érigés en France et qui pourraient y être érigés dans l'avenir; ce Bref qui modifiait d'une manière si importante le gouvernement du Carmel en France, fut demandé au Saint-Siége « avec l'advis de la Bienheureuse Sœur Marie de » l'Incarnation, avec laquelle mesme », nous dit M. de

[1] *Vie de la Bienheureuse Marie de l'Incarnation*, par J. B. A. Bou-CHER, curé de Saint-Merry. Paris, 1816, in-8°, Appendice n° I, p. 514.

Marillac, « ie communiquay plusieurs fois les mémoires
» qui en avoient esté faits [1]. »

Aussi, plus tard, lorsque, après avoir consulté encore le
P. de Bérulle pour savoir de lui si elle prendrait le voile
blanc ou le voile noir, et dans quel monastère elle en-
trerait [2], la Bienheureuse Marie de l'Incarnation fit profession, ce fut entre les mains du P. de Bérulle. Elle
écrivit alors et signa de sa main l'acte suivant : « Je,
» Sœur Marie de l'Incarnation, fais ma profession et pro-
» mets obéissance, chasteté et pauvreté à Dieu, Nostre-
» Seigneur, à la Bienheureuse Vierge Marie, et aux Révé-
» rends Pères supérieurs établis à présent par la bulle
» du feu Pape Clément VIII, et à leurs successeurs, selon
» la règle primitive du Mont-Carmel, qui est sans miti-
» gation, et ce jusqu'à la mort [3]. » M. Gramidon cite cette
pièce importante et pour la blâmer [4], sans doute parce
qu'elle prouve que la Bienheureuse Marie de l'Incarnation reconnaissait la légitimité des supérieurs français
et de leurs successeurs, et qu'elle lisait cela dans la bulle
de Clément VIII, où M. Gramidon ne le trouve pas.

Il est vrai que trois ans après il y eut, entre la Bienheureuse Marie de l'Incarnation et le P. de Bérulle, une
scène douloureuse. Je n'ai pas attendu M. Gramidon
pour le dire, car mon deuxième volume était écrit
lorsque le sien a paru. J'ai raconté le fait, et sans croire

[1] M. DE MARILLAC, *De l'erection et institution de l'Ordre des Religieuses de Notre-Dame du Mont-Carmel*, ch. v, p. 42. — Voyez *Le Père
de Bérulle et l'Oratoire de Jésus*, ch. IV, p. 93.
[2] *Le Père de Bérulle et l'Oratoire de Jésus*, ch. IV, p. 95.
[3] BOUCHER, op. cit. Pièces justificatives, p. 543.
[4] *Notes historiques*, ch. IX, p. 183.

manquer à la vénération dont je suis rempli pour le P. de
Bérulle, je me suis même permis de dire qu'assurément
en cette circonstance, sa parole avait rendu infidèle-
ment sa pensée [1]. Pour M. Gramidon, il triomphe. Ce
n'est pas assez d'avoir raconté l'entrevue de Pontoise, il
en transcrit encore le récit aux Pièces justificatives [2].
Quant aux causes de ces divergences entre la Bienheureuse et le P. de Bérulle, il en indique deux, d'après Boucher : l'adoration perpétuelle du Très-Saint Sacrement,
que le P. de Bérulle voulait établir au grand couvent,
de concert avec la Mère Madeleine de Saint-Joseph, et
un quatrième vœu. M. Boucher n'avait pas éclairci cette
question, et M. Gramidon, qui le copie, ne nous apprend
rien de nouveau. Le lecteur qui voudra voir ce que je
dis et de la conférence de Pontoise et de la question du
quatrième vœu, saura désormais ce qu'il en faut penser [3].

Les Carmes d'alors, comme M. Gramidon aujourd'hui,
voulurent tirer de cette affligeante entrevue des conséquences favorables à leurs prétentions, et ils répandirent
le bruit que la Sœur Marie de l'Incarnation avait exprimé
le désir que les monastères des Carmélites de France se
missent sous le gouvernement des Carmes. C'est pour
répondre à ces faux bruits que M. de Marillac écrivit, le
jour de Pâques 1621, une lettre dont j'ai trouvé une
ancienne copie aux Archives nationales [4], et qui jette
même un certain jour sur la conférence de Pontoise.

---

[1] *Le Père de Bérulle et l'Oratoire de Jésus*, ch. VII, ch. XII.
[2] *Notes historiques*, ch. X, p. 191. — Pièces justificatives, n° IV,
p. 285.
[3] *Notes historiques*, ch. V, p. 88.
[4] M. 216, pièce 50.

Il est à croire, en effet, que cette prieure d'Amiens, qui fut depuis prieure de Bourges [1] et montra une si étrange passion contre le P. de Bérulle, avait, par de faux rapports, indisposé la Bienheureuse contre le visiteur des Carmélites. Voici la lettre de M. de Marillac :

« Quant à ce qu'il y est fait mention de la Bien-
» heureuse Sœur Marie de l'Incarnation et des pensées
» qu'elle auoit sur cette affaire, ie suis bien aise d'en
» parler clairement. Ceux qui ont connu l'humilité de
» cette âme, ne trouveront point estrange ny nouveau
» qu'estant sous une Prieure préoccupée de si violente
» aliénation (quoiqu'elle la couvrit dextrement), elle eust
» des pensées conformes aux inclinations et dispositions
» de sa Prieure. Car on l'a veue honorer ses Prieures
» comme la personne propre de Jésus-Christ. C'est pour-
» quoy elle auoit parfois des pensées là-dessus, mais
» elles luy estoient à tel tourment que Nostre-Seigneur
» a permis qu'elle en ait reçu beaucoup d'exercices, et
» encore que ces pensées l'agitassent grandement, elle
» auoit toujours une actuelle résistance en son intérieur
» dy consentir; sur quoy ie pourrois bien estendre et
» déduire les raisons qu'elle m'en a dittes, par lesquelles
» on verroit une grande pureté de l'amour de Dieu en
» cette âme. Et ie vous dis, ma Mère, ceiourd'hui qui
» est le iour de Pasques, que parlant à elle un des pre-

---

[1] Voyez *Le Père de Bérulle et l'Oratoire de Jésus*, ch. IX. — Dans les copies du temps, je trouve souvent Élisabeth au lieu d'Isabelle, et *vice versâ*. La Prieure de Bourges s'appelait Isabelle, et c'est d'elle cependant qu'il s'agit ici sous le nom d'Élisabeth. Le P. Bertin l'appelait ainsi. « Mgr l'Ambassadeur m'a dit qu'il escrivoit à la Mère Élisabeth » de Bourges. » (Lettre autographe du P.) Bertin au P. de Bérulle; Rome, 31 octobre 1620. Arch. nat., M. 234.)

» miers iours de la semaine sainte, l'année de son décès
» et environ huit iours auant iceluy (ce fut lorsqu'elle
» eut cette vision de Nostre Dame dont il est parlé en sa
» vie et qu'elle me demanda si ie ne la voyois point pour
» ce qu'elle la voyoit tout ioignant le lieu ou iestois),
» nous parlasmes encore de ces affaires, et elle demeura
» d'accord avec moy, et me confessa qu'il n'estoit point
» à propos que les Pères Carmes eussent la charge de
» l'Ordre. Et la Mère Marie de Saint-Joseph, prieure du
» monastère de Pontoise, m'a dit que cette Bienheureuse
» Sœur luy dit peu auant son décès qu'il falloit mander
» à la Mère Élisabeth qu'elle ne pensast plus à ces choses-
» là, et que Dieu pourvoiroit à l'Ordre. J'ay esté bien
» aise d'auoir cette occasion de vous escrire cecy, pour
» vous éclaircir sur ces choses que l'on met en auant, et
» vous donner de quoy en informer ceux qui vous en
» parleront. »

« Il faut mander à la Mère Élisabeth qu'elle ne
pense plus à ces choses-là. » Voilà la parole de madame Acarie. M. Gramidon n'est pas obligé de l'écrire à
Meaux.

Ce sentiment de la Bienheureuse Sœur Marie de l'Incarnation était si connu à Pontoise, que la Prieure et
toutes les Religieuses professes de ce monastère réunies
au chapitre signèrent le 13 septembre 1620 l'acte que
voici :

« Nous ayant esté rapporté que l'on sème un bruit
» que la Bienheureuse Sœur Marie de l'Incarnation auant
» que mourir, nous dit que les Pères Carmes deschaussez
» estoient nos vrais supérieurs et que nous nous deuions

» ranger sous leur conduite, nous attestons à tous qu'il
» appartiendra que ce bruit n'est pas véritable et que
» nostre Bienheureuse Sœur, ny en vie, ny lors de son
» deceds, n'a iamais tenu ny en public, ny en particulier
» à aucune de nous, ce langage; au contraire, nous
» l'avons tousiours veüe portée d'un grand respect enuers
» nos R. P. Supérieurs, nous exhortant par parole et
› par exemple à pareille et continuelle reuérence enuers
» eux [1]. »

Nonobstant ces dispositions bien propres à scanda-
liser la Révérende Mère Prieure de Meaux et M. l'abbé
Gramidon, Pie VI, dans le Bref de béatification de Sœur
Marie de l'Incarnation, l'a nommée « fondatrice du Carmel
en France [2] », et les Carmes ont inséré dans leur Propre
son office avec les mots : *Ordinis nostri,* office qui est le
même que celui des Carmélites de France et qu'ils
récitent le même jour.

Ainsi donc, la Bienheureuse Marie de l'Incarnation
n'a ignoré aucune de ces démarches de M. de Bérulle en

[1] Cet acte, affirme l'auteur qui le rapporte, fut signé le 13 septembre *de la présente année.* Son ouvrage n'étant point daté, l'indication serait insuffisante s'il ne disait ailleurs qu'il écrivit deux ans après la mort de la Bienheureuse, qui arriva, comme on sait, le 18 avril 1618. Voici le titre de l'ouvrage : « *Le Differend qui est auiourd'huy pour raison de la conduite, gouvernement et supériorité sur les monastères des Carmélites, procède de ce que les Pères Carmes deschaussez prétendent que ceste conduite, supériorité et toute authorité sur lesdits monastères leur appartient et non pas à ceux qui y sont commis, et allèguent à ceste fin plusieurs raisons qui sont icy rapportées, avec des raisons sommaires à costé d'icelles, à la suite desquelles est un discours de tout ce qui s'est passé pour ceste affaire et de l'estat d'icelle.* » (In-4° s. l. n. d. de 60 pages. Bibl. nat., Ld82.)

[2] *Fundatricis in Galliis Ordinis sanctimonialium Beatæ Mariæ Virginis de Monte Carmelo Excalceatarum nuncupatarum.* (BOUCHER, Pièces justificatives, p. 551.)

Espagne qui blessent tant la délicatesse de M. Gramidon ;
c'est même par des lettres à elle adressées que nous les
connaissons ; — elle a encouragé M. de Bérulle à con-
server vis-à-vis des Carmes espagnols, dans le choix des
Religieuses, cette vigueur qui scandalise M. Gramidon ;
— elle a contribué à obtenir du Saint-Siége le Bref
de 1614, qui établit M. de Bérulle visiteur perpétuel, à
la grande douleur de M. Gramidon ; — elle a prononcé
ses vœux suivant une formule que M. Gramidon blâme
le P. de Bérulle d'avoir modifiée ; — elle a toujours été
opposée au gouvernement des Carmes que M. Gramidon déclare nécessaire ; — en d'autres termes, M. Gramidon ne peut incriminer les différents actes de M. de
Bérulle sans incriminer en même temps ceux de la Bienheureuse Marie de l'Incarnation, ce qui est d'une sou-
veraine irrévérence et envers la Bienheureuse elle-même
et envers le Saint-Siége, qui, avant de la déclarer fondatrice du Carmel de France, a dû examiner, avec plus de
soin encore que M. Gramidon, si elle avait été fidèle
aux Constitutions et à l'esprit de son Ordre.

II

La Bienheureuse Marie de l'Incarnation n'est point la
seule Carmélite *bérulliste* (pour me servir d'une expression employée par la Prieure de Meaux dans les notes
qui ont servi à composer l'ouvrage de M. Gramidon).
Il en est une autre, dont la cause de béatification a été
introduite, et que le lecteur a déjà nommée, la Révérende
Mère Madeleine de Saint-Joseph. Or, en traitant comme
il le fait le P. de Bérulle, M. Gramidon oublie complé-

tement le respect qu'il doit à cette Vénérable Mère.

Pour peu que l'on veuille lire avec quelque attention les pages que j'ai dû consacrer au pénible récit des dissensions qui affligèrent le Carmel, de l'année 1620 à l'année 1624, on sera pleinement convaincu que la cause de la Mère Madeleine de Saint-Joseph était identifiée à celle du P. de Bérulle. Au courant de tout ce qui se passa alors [1], elle était le conseil et le soutien du P. de Bérulle, elle vénérait en lui l'un des fondateurs du Carmel de France, le vrai Père des Carmélites ; et lorsque la mort l'eut frappé à l'autel, regardant son cœur comme un héritage qui lui appartenait, elle adressa au P. Gibieuf cette belle et touchante lettre dont l'original existe aux Archives, et qu'on me saura gré de citer [2].

JESUS MARIA.

« Mon Révérand Père,

» L'amour de Iésus-Christ remplisse vostre âme. Je » vous supplie très-humblement et tous les RR. PP. de » vostre maison de nous vouloir faire cette grâce de nous » donner le cœur de Monseigneur l'Illustrissime et Révé- » rendissime Cardinal de Bérulle, nostre Révérand Père » Supérieur et visiteur, et vous enuoye un acte capitu- » laire par lequel toutes mes Sœurs et moy le demandons » de toute la force de nostre cœur et de nostre esprit, » estant d'une personne de quy après Dieu nous tenons

[1] Voyez *Le Père de Bérulle et l'Oratoire de Jésus*, ch. x.
[2] Arch. nat., M. 216. — L'acte capitulaire avec les signatures se trouve également dans ce carton.

» tout ce que nous sommes en Iésus-Christ Nostre-Sei-
» gneur. Je sçay que ça estay (*sic*) sa volonté, et qu'il
» a desiré cela pour l'union de ces deux Ordres et la
» gloire du Fils de Dieu et de sa sainte Mère, et en ce
» subiect nous le désirons aussy pour cela et afin qu'en
» cette union nous soyions dignes de receuoir ensemble
» comme enfans de ce saint père, ses bénédictions. Nous
» vous les souhaitons beaucoup à vous et demeurons,
» mon Révérand Père, vos très-humbles et très-affec-
» tionnées et très-obligées seruantes en Jésus-Christ.

» Sœur MADELEINE DE SAINT-IOSEPH, Sœur MARIE DE
» IÉSUS, Sœur MARIE DE IÉSUS, Sœur PHILIPPE DE SAINT-
» PAUL, Sœur MARIE DE SAINT-HIÉROSME. »

Cette union du P. de Bérulle et de la Mère Madeleine de Saint-Joseph n'est nullement niée par M. Gramidon, et il a écrit à ce sujet une page [1] qui mérite d'être
citée :

« Le jeune directeur des Carmélites ne méditait pas
» seulement un Carmel national que quelques règlements
» particuliers adaptés au génie français auraient distin-
» gué, mais non séparé ; il voulait donner à ses maisons
» une forme particulière de gouvernement et lui inspirer
» ses dévotions personnelles. Le dessein de M. de Bérulle
» était de former des Carmélites qui fussent ses filles et
» non pas seulement les filles de sainte Thérèse : *fille de*
» *M. de Bérulle par l'esprit autant que par le cœur*, la nou-
» velle Mère Prieure avait appris à fixer uniquement ses
» regards sur l'adorable personne du Verbe Incarné ; elle
» donnait ainsi à son directeur l'intime consolation de

1 *Notes historiques*, ch. vi, page 123.

» voir vivre en elle le principe auquel il avait voué toute
» sa vie. Sous cette double impulsion de la Prieure et du
» Supérieur, le premier couvent rendit bientôt toutes les
» Religieuses « fidèles à l'esprit de sainte Thérèse et au
» nom du monastère qui les abritait. » Mais en donnant
» cette vocation au Carmel français, respectait-on assez
» l'esprit de l'Ordre, les Constitutions et les traditions
» qui en sont les commentaires? »

Je relève en passant un de ces mots que M. Gramidon
aime à glisser et qui peuvent modifier le sens des
paroles qu'il cite : « Fille de M. de Bérulle par l'esprit
» autant que par le cœur, la nouvelle Mère Prieure
» avait appris à fixer *uniquement*, ses regards sur l'ado-
» rable personne du Verbe Incarné », dit M. Gramidon,
et il renvoie à la page 462 de mon livre. Le lecteur conclut que j'ai avancé de la Mère Madeleine qu'elle avait le
regard fixé *uniquement* sur Notre-Seigneur, sans expliquer davatange le sens de ce mot. Cet *uniquement* ainsi
isolé est dû à la plume inventive de M. Gramidon.

Ce qu'il importe bien plus de relever, c'est que, de
l'aveu de M. Gramidon, «sous la double impulsion de la
Prieure» et du Supérieur », — M. de Bérulle et la Mère
Madeleine sont mis sur le même rang, — on ne conservait
au premier couvent ni l'esprit de l'Ordre, ni les Constitutions, ni les traditions qui en sont les commentaires.

Je sais bien que M. Gramidon s'exprime ici avec mo-
destie : « En donnant cette vocation au Carmel français,
» respectait-on assez *l'esprit* de l'Ordre, les *Constitutions*,
» les *traditions* qui en sont les commentaires? La Mère Anne

» de Jésus n'en jugeait pas ainsi. » Mais il ne faut point se laisser tromper par cet euphémisme de langage. Trois pages plus haut, M. Gramidon a écrit que la Mère Anne de Jésus, lorsqu'elle partit de France en 1607, « apporta » en Flandre les *constitutions* de 1592 aprouvées, corri- » gées et imposées par Clément VIII, le *Manuel* de » l'Ordre, que l'on ne suivait plus fidèlement en France, » et *l'esprit* de l'institut, que sainte Thérèse lui avait fait » connaître et pratiquer [1] ». Ici il parle net, et la conclu- sion qu'il ne tire pas, et pour cause, je la tire, et la voici : La Mère Madeleine de Saint-Joseph n'ayant pas jugé des choses comme la Mère Anne de Jésus, laquelle refusa d'abdiquer ses convictions « devant les idées person- » nelles du jeune directeur et les règlements et usages » qu'il voulait introduire contrairement aux traditions » primitives de la réforme », la Mère Madeleine, dis-je, demeura en France sans les véritables Constitutions, sans l'esprit de l'institut, le tout ayant été emporté par la Mère Anne de Jésus, et elle accepta aveuglément les règlements et les usages que M. de Bérulle voulut introduire contrairement aux traditions primitives de la réforme.

Je n'insiste pas. De l'aveu de M. Gramidon, la Vé- nérable Mère Madeleine de Saint-Joseph trempa autant que M. de Bérulle dans le complot néfaste d'un Carmel national. De l'aveu de M. Gramidon, la cause du P. de Bérulle est inséparable de celle de la Mère Madeleine de Saint-Joseph, dont le Saint-Siége a déclaré les vertus

[1] *Notes historiques*, ch. vi, p. 121.

héroïques, et dont on poursuit le procès de béatification.

Donc, M. Gramidon et la Prieure de Meaux ne peuvent attaquer M. de Bérulle sans frapper du même coup la Bienheureuse Marie de l'Incarnation et la Vénérable Mère Madeleine de Saint-Joseph. Cela suffit, et je laisse au lecteur le soin de conclure.

§ II.

LES NONCES.

M. Gramidon tient peu de compte du jugement des Saints. Respectera-t-il au moins l'autorité des nonces apostoliques? Pas davantage. Les nonces, en Espagne d'abord, puis en France, ont été mêlés de la manière la plus active aux différends survenus entre le P. de Bérulle et les Carmes. Or, tandis que M. Gramidon donne invariablement raison aux Pères Carmes, les nonces du Saint-Siége ont invariablement donné raison à M. de Bérulle. Il faut donc choisir entre l'opinion des nonces et celle de M. Gramidon.

I

Commençons par l'Espagne. Le récit que M. Gramidon nous donne des négociations entamées par M. de Bérulle avec les Carmes, a pour but de persuader au lecteur que le correspondant et l'ami de la Bienheureuse Marie de l'Incarnation manqua absolument de droiture et trompa sciemment les Carmes. L'histoire de la *pochette* est servie de nouveau, l'accusation d'avoir voulu faire un faux, jetée d'une main légère et reprise aussitôt, mais non sans l'espoir que le lecteur en aura conservé bon souvenir [1]. Tout ce récit est un triste mélange d'insinuations, d'accusations, de confusions. Mais tout à la joie de pouvoir ainsi démontrer au public la fourberie de M. de Bérulle, M. Gramidon oublie complétement que si M. de Bérulle est coupable, le nonce l'est autant que lui.

Quels sont en effet les crimes de M. de Bérulle [2]? C'est d'abord de ne pas vouloir montrer aux Carmes l'original des bulles et du Bref. Mais si tel était son devoir, comment le nonce, qui avait lu et relu les bulles et le Bref, ne l'y força-t-il pas? Un second crime de M. de Bérulle, c'est de répondre aux Carmes demandant communication des bulles et du Bref, qu'ils réclament de lui une chose impossible, bien qu'il eût alors le Bref en sa possession. Mais ne répond-on pas tous les jours à des indiscrets qu'ils réclament une chose impossible, quand ils demandent ce qu'on ne veut ni ne peut faire, et depuis quand le mot impossible ne s'entend-il que d'une impossibilité physique? Troisième crime: M. de Bérulle a le Bref en sa possession, et il dit que le nonce ne s'en dessaisira pas pour l'envoyer aux Religieux. Ici encore, où est le mensonge? M. de Bérulle savait que le nonce, lors même qu'il ne se fût pas dessaisi du Bref en sa faveur, ne l'aurait pas communiqué aux Carmes. Reste un qua-

---

[1] Il a déjà été répondu à ces accusations (*M. de Bérulle et les Carmélites de France*. Pièces justificatives, n° v, p. 541). — J'y suis revenu plus haut, p. 34.

[2] *Notes historiques*, ch. v, p. 86, 87.

trième crime. M. de Bérulle a retiré le « Bref du nonce
» sous prétexte de le bailler à son abbréviateur, mais en
» effect à ce qu'il ne glosât plus dessus. » Il y aurait
mensonge si M. de Bérulle, après avoir donné cette raison
au nonce, n'avait pas remis le Bref à l'abréviateur.
Mais où cela est-il dit? Ce que l'on sait, c'est qu'il le
garda pendant trois jours : voilà tout. Et le moyen de
croire qu'un homme qui, pour le moins, savait aussi
bien sa théologie morale que M. Gramidon, se soit permis le grossier mensonge insinué par ce dernier, et en
ait fait un aussi simple récit à madame Acarie?

M. Gramidon pense qu'un des motifs pour lesquels
M. de Bérulle se refusa à montrer les bulles de Clément VIII, fut que le Pape « exigeant le consen-
» tement libre des Religieuses que l'on sollicitait, il
» redoutait les explications que demanderaient, soit les
» Carmélites, soit leur Général[1]. » Mais à la page 83,
n'a-t-il pas dit que le Pape expédia « un Bref qui
» conférait au nonce le droit d'imposer au Général des
» Carmes de donner des Religieuses pour la France?»
Franchement, M. de Bérulle, après avoir été rebuté
comme il l'avait été par les Carmes (et le P. Dosithée
de Saint-Alexis, même dans l'édition revue et altérée
de la Prieure de Meaux, en convient)[2], M. de Bérulle
eût été d'une grande naïveté s'il avait plus longtemps
attendu de la bonne volonté des Carmes une grâce
que le nonce avait le droit et le pouvoir de lui accorder.

1 *Notes historiques*, ch. v, p. 87.
2 *La Vie de saint Jean de la Croix*, t. III, liv. X, ch. xi, p. 127.

Or voici ce qu'il est naturel de demander à M. Gramidon. Oui ou non, le nonce a-t-il interprété les bulles
et le Bref dans le même sens que M. de Bérulle? Évi-
demment oui, puisqu'il lui a fait accorder les six Religieuses qu'il réclamait nommément. Donc, tous les deux
sont innocents, ou tous les deux sont coupables. Donc,
il est impossible d'accuser M. de Bérulle, comme le fait
M. Gramidon, d'avoir joué le Général des Carmes, sans
accuser en même temps, et de la même faute, Mgr Gym-
masio.

Du reste, M. Gramidon témoigne d'une médiocre
estime pour le nonce d'Espagne[1]. A en croire l'auteur
des *Notes historiques*, c'eût été pour plaire à l'ambassadeur de France et à la princesse de Longueville, que le
nonce aurait menacé le Général des Carmes de l'excommunication. Quand on ne soutient pas les prétentions
des Carmes, fût-on nonce du Saint-Siége, on reçoit un
certificat de probité médiocre. Le procédé est maintenant connu.

Une dernière remarque, pour en finir avec les accusations relatives à la négociation d'Espagne. J'ai raconté
comment le Général, nonobstant l'excommunication dont
le menaçait le nonce s'il ne donnait les six Religieuses,
avait mis trois conditions à son obéissance, dont la
deuxième était que « ce couvent serait sujet aux Pères
» de l'Ordre, lorsqu'ils seraient établis en France ».
M. Gramidon cherche à prouver que M. de Bérulle,
ayant fait en Espagne la promesse de soumettre les couvents à l'Ordre, et ayant fait ses efforts en France pour

[1] *Notes historiques*, ch. v, p. 89 et suiv.

qu'ils ne fussent pas soumis à l'Ordre, s'est rendu coupable ou de duplicité en Espagne, ou de déloyauté en France.

M. Gramidon oublie que les termes de la promesse prêtée à M. de Bérulle n'étaient autres que ceux mêmes de la bulle de Clément VIII, qu'assurément il était décidé à faire observer. Mais comment aurait-il pu mettre à exécution cette clause de la bulle de Clément VIII en 1610, époque où les Carmes vinrent en France et où on l'accuse d'avoir combattu leurs droits, puisque cette clause avait été révoquée dès 1606 par un Bref de Paul V? Avant de formuler de telles accusations, il importerait de se rappeler les dates.

Croit-on, en outre, que le Général des Carmes d'Espagne n'aurait pas informé le nonce des tromperies de M. de Bérulle, et que le nonce aurait négligé de les faire connaître à Rome si elles eussent existé? Or on a conservé les accusations envoyées à Rome contre M. de Bérulle[1]; nulle part je n'y ai vu figurer celle d'avoir manqué à sa parole.

II

Lorsque les démêlés avec les Carmes commencèrent en France, le nonce du Pape était Mgr Guy Bentivoglio. Je ne transcrirai point ici ses dépêches; il faudrait copier presque intégralement le chapitre ix de mon livre. Je suis donc obligé d'y renvoyer le lecteur. Il sera frappé de l'attitude énergique de Bentivoglio, qui ne se dé-

---

[1] *Le Père de Bérulle et l'Oratoire de Jésus*, ch. ix, x, xi.

mentit pas un seul instant pendant toute sa nonciature.

Dès le début, il écrit à Rome que si le Pape ne fait acte d'autorité, on est à la veille d'un grand scandale, d'un vrai schisme parmi les Carmélites, et il tient fidèlement le Saint-Siége au courant de tout ce qui se passe. Il est impossible de stigmatiser avec plus d'énergie, quoique dans des termes toujours courtois, le recours des Pères Carmes au parlement, demandant à l'autorité séculière de leur conférer un pouvoir purement spirituel; leurs calomnies contre M. de Bérulle, M. du Val et Bentivoglio lui-même; leur désobéissance persistante aux ordres que le nonce leur transmet; le choix qu'ont fait les Carmélites opposées à M. de Bérulle, pour les représenter à Rome, d'un certain Smith, dont il avait connu, durant sa nonciature de Flandre, la honteuse histoire; le manque incroyable de mémoire des Pères Carmes, qui ne tiennent aucun compte de la déclaration remise par eux le 2 février 1610 à M. de Marillac[1]. Nul, en un mot, n'a flétri plus vigoureusement que Bentivoglio les manœuvres des Carmes, ni témoigné plus de vénération, plus de sympathie, plus de dévouement au P. de Bérulle. Il faut donc nécessairement choisir entre le nonce Bentivoglio, admirateur de M. de Bérulle, et M. Gramidon, son détracteur. Ici, je le répète, l'abondance des preuves seule m'empêche d'insister; car il faudrait grossir cette courte réponse de documents jusqu'ici inconnus, qui ont leur place naturelle ailleurs.

[1] *Le Père de Bérulle et l'Oratoire de Jésus*, ch. ix. On y trouvera les dépêches de Bentivoglio, que je ne puis qu'analyser très-sommairement ici.

III

Bentivoglio part; un nouveau nonce le remplace, Mgr Corsini, archevêque de Tarse. Les Carmes ne négligent rien pour le circonvenir. Il est au courant de tous les bruits, de toutes les calomnies qui circulent contre le P. de Bérulle; il s'en ouvre même au P. Coton [1]; il en paraît même un instant impressionné. Et après?... Après, il devient, comme Bentivoglio, le défenseur du supérieur de l'Oratoire. Il se plaint qu'un Bref de Rome lui lie les mains et l'empêche d'agir [2] (7 juin 1621). Il presse l'expédition des lettres patentes du Roi, portant permission d'exécuter le Bref du Pape du 17 mars et du 16 avril 1614, et ordonnant que tous les monastères des Carmélites du royaume s'y soumettent [3]. Le 11 juillet 1622, il écrit cette lettre, qui apprendra à M. Gramidon qu'aux yeux de Mgr Corsini, ce n'était pas du côté de M. de Bérulle, mais bien de la part de Mgr de Sourdis, que des violences étaient à craindre.

« J'ai reçu la lettre de Votre Seigneurie, et pris en très-
» bonne part son exhortation à persister dans la volonté
» dont j'ai fait preuve jusqu'ici touchant l'affaire des

[1] *Le Père de Bérulle et l'Oratoire de Jésus*, ch. x. — Lettre du R. P. Coton. (Pièces justificatives, n° II.)

[2] *Le Père de Bérulle et l'Oratoire de Jésus*, ch. x.

[3] « Le cardinal de Retz, auquel l'exécution dudit Bref a esté com-
» mise par notre Saint-Père le Pape et ès mains duquel sur ce que le
» nonce de Sa Saincteté résidant près de nous nous a raporté de la part de
» Sad. Saincteté et de ce qui s'est passé au jugement du différend y men-
» tionné, nous auons eu agréable qu'il fust déliuré pour l'accomplissement
» du contenu en iceluy. » (5 novembre 1621.) — (Arch. nat., L. 1046,
1re liasse, cote C, 4e pièce.)

» Carmélites, dans laquelle le S͜gr Cardinal de Sourdis
» n'a rien obtenu absolument au détriment de ce qui
» était établi jusqu'ici. J'aurai soin pour ma part que
» Sa Seigneurie ne puisse faire aucune innovation par
» la persuasion, mais ce sera le rôle de Mgr le Cardinal
» de Retz d'empêcher qu'il ne le fasse par la vio-
» lence, parce que au delà de ces bornes (de la persua-
» sion) je ne saurais comment m'y opposer[1]. » A Bordeaux,
Mgr Corsini rassure la Mère Marguerite du Saint-Sacrement, cette illustre fille de madame Acarie, que M. Miart,
grand vicaire de Mgr de Sourdis, a excommuniée[2], et il
s'indigne que l'archevêché ne craigne pas d'engager
directement la lutte contre le représentant du Saint-
Siége. J'ai dû raconter tous ces différends fort au long.
Je regrette que M. Gramidon n'ait pas pris le temps
d'étudier les pièces du débat avant de prononcer son
jugement.

De tous ces faits, il résulte qu'en Espagne d'abord,
en France ensuite, les nonces ont rendu au P. de Bérulle les plus honorables témoignages; qu'ils ont sou-
tenu énergiquement ses droits au gouvernement des Carmélites; d'où il suit, par une conséquence nécessaire,

[1] Ho ricevuto la lettera di V. S. e preso in ottima parte le esortazioni
ch' ella mi fà a dover persistere nella volontà che finora ho mostrato
circa il negozio delle Carmeline, nel quale il Signor card. di Sourdis non
ha ottenuto cosa niuna da S. Sig. a disvantaggio dello stabilimento finora
fatto. Però mia cura sarà l'operare che S. S. Illustrissima non possa
innovare alcuna cosa con ragioni, ma sarà carica del Signor card. di
Retz d'impedire che non lo faccia con la violenza poichè oltre non saprei
come oppormi. (Arch. nat., M. 216, liasse C.)

[2] *La Vie de la Vénérable Mère Marguerite Acarie, dite du Saint-
Sacrement, Religieuse Carmélite déchaussée...*, par M. T. D. C. Paris,
Viuarin, 1689, in-8°, ch. x, p. 120.

que, pendant vingt ans, tous les nonces du Pape ont été dans l'erreur, si M. Gramidon est aujourd'hui dans la vérité.

§ III.

Disons-le franchement. Que M. Gramidon ne s'incline pas devant l'autorité des Saints, cela surprend; qu'il ne tienne nul compte des actes desnonces, cela étonne; mais qu'il traite les décrets du Saint-Siége comme il le fait, voilà ce qui confond.

Le lecteur va en juger :

I

Dans son chapitre IX sur les Constitutions et le gouvernement du Carmel français, M. Gramidon est bien obligé de parler des Brefs donnés par les Souverains Pontifes en faveur de M. de Bérulle. Il y consacre trois pages seulement, mais qui ont droit à toute notre attention.

Après avoir affirmé de nouveau que la bulle d'érection ne conférait aux Supérieurs français qu'un pouvoir provisoire, M. Gramidon en vient au Bref de Paul V, qui éliminait les Carmes déchaussés de la charge de visiteurs, et déclarait que, — jusqu'au jour où un autre mandement serait donné, — le nonce choisirait le visiteur parmi deux candidats que les Supérieurs lui présenteraient [1].

M. Gramidon (c'est un aveu qu'il fait bon recueillir, d'autant plus qu'il l'oubliera dans la suite), M. Gramidon avoue que ce Bref « donnait même au visiteur pou-

---

[1] *Le Père de Bérulle et l'Oratoire de Jésus*, ch. IV, p. 91 et suiv. — *Notes historiques*, ch. IX, p. 185.

» voir de punir les rebelles désobéissantes à son autorité
» par les peines ecclésiastiques, sans admettre d'appel,
» ce qui signifie que l'appel au Pape, toujours de droit,
» n'était pas suspensif de la peine portée. » — « M. de
» Bérulle, qui poursuivait toujours son projet de Car-
» mel national séparé de l'Ordre », dit ici M. Gramidon,
« se félicita d'avoir obtenu de Paul V la modification que
» nous venons de signaler dans le gouvernement provi-
» soire du Carmel. » En d'autres termes, le Pape vint
en aide à M. de Bérulle, et par son Bref de 1606, favo-
risa son projet de *Carmel national séparé.*

Mais voici bien autre chose. « Par un autre Bref du
» 17 avril 1614, Paul V révoqua la commission donnée
» au nonce, et attribua définitivement la charge de visi-
» teur au R. P. de Bérulle, Général de la récente Con-
» grégation de l'Oratoire, et à ses successeurs[1]. »

M. Gramidon est manifestement embarrassé. Toutefois son embarras dure peu. On se rappelle que plus
haut il a accordé à M. de Marillac un avancement
inespéré et l'a fait garde des sceaux dès 1611 (quinze ans
plus tôt que l'histoire). Maintenant il représente la démarche privée de M. de Marillac auprès du P. Denis de
la Mère de Dieu, comme une opposition du pouvoir séculier au gouvernement des Carmélites par les Carmes.
« Rome même », s'écrie-t-il épouvanté, « n'aurait pu
» guère prudemment demander qu'on revînt sur cette
» renonciation. » — Voyez-vous la série de transforma-
tions que subit l'histoire vraie sous la plume fantaisiste
de M. Gramidon ?

[1] *Notes historiques,* ch. v, p. **87.**

1° Il commence par supprimer une partie du récit qui le gêne;

2° Il biffe la phrase la plus importante de l'acte signé par les Carmes, celle qui ruine sa thèse de fond en comble;

3° Il transforme un conseiller d'État en garde des sceaux; et d'un homme pieux qui s'entremêle dans une affaire pour la traiter en simple particulier, il fait un des premiers dignitaires de l'État, venant, dans tout l'éclat de son autorité, intimider d'humbles et pauvres Religieux;

4° Il montre le Pape lui-même si effrayé de l'influence de M. de Marillac (toujours simple conseiller d'État) et de M. de Bérulle, qu'aux yeux de Sa Sainteté le seul moyen de résister qui reste au Siége apostolique est de tout accorder, et d'établir le Supérieur de l'Oratoire visiteur général des Carmélites, et définitivement!

Il faut l'avouer, la conduite de Paul V, d'après les commentaires qu'en donne M. Gramidon, est tout à fait singulière. Je serais curieux de savoir ce que M. Gramidon penserait s'il lisait de telles insinuations à l'endroit des Souverains Pontifes ailleurs que dans les notes de la Prieure de Meaux.

Ce qui est bien plus étrange encore, c'est la suite. Au chapitre x, M. Gramidon raconte à sa manière les affaires de Bordeaux, Saintes, Bourges, Limoges et Morlaix.

« On comprend, » dit-il, « que les Religieuses qui » avaient fait leur profession dans l'espérance fondée » que la bulle de Clément VIII serait exécutée et les » mettrait enfin sous le gouvernement des Carmes, ne

» fussent pas disposées à recevoir M. de Bérulle pour
» visiteur perpétuel [1]. »

Ainsi, M. Gramidon comprend que des Religieuses
« ne soient pas disposées à recevoir le visiteur perpétuel » que le Pape leur donne ! M. Gramidon trouve bon
que « des monastères expriment hautement leur volonté
» de vivre sous l'Ordre », lorsque le Saint-Siége a prononcé qu'il en serait autrement. Cela paraît déjà inouï.
Mais remarquez en outre que M. Gramidon commet ici
bien des confusions :

1° Comme je l'ai déjà remarqué, la bulle de Clément VIII donnait la charge de visiteur à des Carmes espagnols ; or, c'étaient des Carmes italiens qui s'étaient
établis en France. Donc les Religieuses ne pouvaient en
aucune sorte s'appuyer sur la bulle de Clément VIII
pour réclamer le gouvernement de ces Religieux.

2° M. Gramidon ne parle que de la bulle de Clément VIII. Il oublie donc que le Bref de 1606 avait *provisoirement* et que le Bref de 1614 avait *définitivement*
révoqué la clause éventuelle de la bulle de Clément VIII.
Or, les Carmélites devaient obéir aussi bien aux Brefs de
Paul V qu'à la bulle de Clément VIII.

3° M. Gramidon dit que « les Religieuses avaient fait
» leur profession dans l'espérance fondée que la bulle
» de Clément VIII serait exécutée et les mettrait enfin
» sous le gouvernement des Carmes ». Cela est inexact.
Les Religieuses qui prirent l'initiative de cette déplorable
résistance aux décrets du Saint-Siége avaient fait leur
profession depuis 1614 ou tout au moins depuis 1606,

[1] *Notes historiques*, ch. x, p. 99.

et savaient parfaitement qu'elles auraient des supérieurs et un visiteur français. Elles n'avaient donc nullement le droit de se plaindre [1].

Sous le pinceau de M. Gramidon, des Religieuses rebelles à leurs supérieurs, au nonce et au Pape, deviennent de timides et intéressantes victimes. On verra plus loin ce qu'en pensait le P. Coton, de la Compagnie de Jésus, et ce qu'il en écrivait.

Inutile d'ajouter que M. Gramidon passe sous silence tous les Brefs que je rapporte; il n'en donne même pas la date. Il se borne à dire que « M. de Bérulle les laissa exé- » cuter dans leur plus entière rigueur », sans rien ajouter de la part très-active que M. du Val prit à toute cette affaire, ni du rôle joué en cette circonstance par le cardinal de la Rochefoucaud, le cardinal de Retz et le nonce du Pape [2]. Sous des formes variées, le système se poursuit.

---

[1] *Le Père de Bérulle et l'Oratoire de Jésus*, ch. ix.

[2] *Notes historiques*, ch. x, p. 201.— *Le Père de Bérulle et l'Oratoire de Jésus*, ch. x. — Entre autres témoins de l'impression produite à Rome, en voici un dont l'autorité est incontestable, le R. P. Dom Eustache de Saint-Paul, universellement vénéré. Le 10 avril 1620, il écrit à M. de Marillac la lettre suivante, qui est conservée aux Archives nationales. (M. 216. D. 65.) « Monsieur, la grâce et paix de Nostre-Seigneur soit auec vous p̄ō iamais. » Je me suis grandement estonné et mal aedifiéde la procedure des Pères » Carmes deschaussez dont vous m'escriuez par vostre dernière. Les Car- » dinaux qui en ont esté informez et M. l'Ambassadeur en sont tout » scandalisez. Je ne sçay c̄ō il est possible qu'il y ait si grand aueu- » glement en un corps de telle reforme de ne pas recognoistre le tort » qu'ilz se font et à l'Église de Dieu par telles sortes de poursuittes et ce » p̄ō gouuerner des filles. Je prie Nostre-Seigneur qu'il leur donne lu- » miere et grace efficace p̄ō se deporter de cette entreprise, qui ne peut » réussir qu'à leur dommage. Vous aurez receu maintenant le Bref de Sa » Sainteté, par lequel elle confirme le gouuernement et direction de » toutes les Carmélites establies et à establir en toute la France à ceux » à qui elle l'auoit commiz, et defend à tous aultres de s'y entremettre » ce qui butte à mon advis p̄ō calmer cet orage à point. »

Il est vrai que M. Gramidon n'aurait pas lieu d'être fier de la conduite de ses amis.

Le 9 mai 1622, les partisans des Carmes surprennent par un faux exposé un Bref qui est révoqué le 12 septembre de la même année.

Le 30 juillet 1622, M. de Sourdis obtient des Brefs qui sont révoqués par le Pape le 25 septembre.

Ce sont là des détails qui ne trouvent pas leur place parmi les *Notes historiques* fournies à M. Gramidon.

Mais en revanche, il s'étend longuement sur une bulle obtenue à la requête de M. Benoît de Limoges. « Par » cette bulle », dit-il, « le Saint-Père condamne l'expulsion » hors de leurs monastères des Religieuses de Bordeaux » et de Saintes ; il appelle l'action impie et sacrilége, » commande d'empêcher que de tels actes ne se repro- » duisent à Limoges, sous peine des censures ecclésias- » tiques, sans égard aux appellations. » C'est d'après le P. Louis de Sainte-Thérèse que M. Gramidon cite cette bulle ; puis il ajoute en note : « Nous ne l'avons pas » trouvée dans le Bullaire des Papes, mais ce n'était pas » là sa place ; le *Bullarium* de Manignono n'en fait pas » non plus mention ; elle a pu rester aux archives de » Limoges, où le P. Louis de Sainte-Thérèse l'aura sans » doute connue, puisqu'il en donne la date [1]. » Si M. Gra- midon, au lieu de puiser exclusivement dans les livres fournis par la bibliothèque de Meaux, avait un peu plus cherché, il aurait lu dans M. de Marillac, en un ouvrage qu'il ne connaît pas et que je lui recommande, toute

[1] *Notes historiques*, ch. x, p. 203.

l'histoire de cette bulle introuvable [1]. Là, il aurait vu
comment le Pape, ayant dressé, le 12 septembre 1622,
un Bref favorable au P. de Bérulle, les amis des Carmes
firent paraître dès le lendemain une bulle qui, sans faire
mention du Bref de la veille, le contredisait complète-
ment, grâce à une habile interpolation. L'affaire fit du
bruit. Le cardinal Ludovisio en écrivit en France pour
expliquer cette fourberie.

« A peine a-t-on peu représenter à nostre Saint-Père
» la nouuelle désobeyssance des Carmelines de Bourges,
» pour ce qu'estant desià comme ennuyé des extraua-
» gances arrivées en cette affaire, il estoit grandement
» esloigné de penser qu'il en deust entendre de plus
» grandes. Il en a toutesfois eu déplaisir outre mesure,
» et mesmes encore qu'il excuse benignement ses minis-
» tres, qui ne peuuent pas, ou sauoir, ou voir toutes
» choses, ny s'opposer à ceux qui par voyes obliques
» viennent obtenir des grâces : il accuse néantmoins la
» malice des expéditionaires, et fait estat d'en faire
» chastier quelqu'un pour donner exemple aux autres [2]. »

Le Pape, en effet, châtia ses officiers, et révoqua ex-
pressément cette bulle du 13 septembre 1622 par son
Bref du 3 janvier 1623. Je n'aurais pas voulu fatiguer
le lecteur par des détails aussi circonstanciés, mais
M. Gramidon m'oblige à compléter ses *Notes historiques*.

Ce n'est pas tout. Le 20 décembre 1623, Urbain VIII

---

[1] M. Gramidon ne cite ni le livre de M. de Marillac sur l'*Érection
et institution*, ni son *Discours sommaire*. On peut s'assurer que tout en
consultant sans cesse M. de Marillac, sans cesse aussi je l'ai confronté
avec les écrits des Carmes et les documents originaux. (*Le Père de
Bérulle et l'Oratoire de Jésus*, ch. x et xi.)

[2] Cité par M. de Marillac. *Discours sommaire*, p. 76.

publia un nouveau Bref qui confirmait celui de Grégoire XV
et donnait raison à M. de Bérulle. Ce fut la fin des débats.
Comme M. Gramidon ignore, paraît-il, le contenu de ce
Bref, il me saura gré de le transcrire, parmi les Pièces justificatives. Lorsqu'il l'aura lu, il y verra sans doute autre
chose que la simple permission accordée par le Pape aux
Religieuses qui n'acceptaient pas le gouvernement de
M. de Bérulle, de passer dans les monastères de Flandre
et de Lorraine. Si du reste M. Gramidon désire savoir
ce que pensaient de ces Religieuses des hommes qui
avaient bien un certain mérite, voici ce qu'en écrivait le
P. Coton : « Les réfractaires du petit monastère ont esté
» sur le poinct de se desguizer et s'en aller en certain
» prioré qui est au diocèse d'Acqs. M. le cardinal, qui
» l'a dit à M. le premier président, les a menacées de
» prison et de les faire suivre dans les Landes, ce qui les
» a un peu arrestées, *sed nondum statim finis*. Plaise à
» nostre bon Dieu leur faire miséricorde. Après l'héré-
» sie, je ne veis iamais un tel aveuglement [1]. »

Ainsi, les Souverains Pontifes ont tranché définitivement la question par le Bref de 1614, et M. Gramidon
trouve qu'on a le droit de ne pas leur obéir.

Les Souverains Pontifes publient des Brefs en faveur
du P. de Bérulle, et M. Gramidon les passe sous silence.

Les amis des Carmes interpolent une bulle que le
Pape révoque par un Bref. M. Gramidon s'appuie sur la
bulle désavouée par le Pape, et ne dit rien du Bref qui
exprime la volonté du Pape.

[1] 23 juin 1624. Je prie instamment le lecteur de prendre connaissance, non-seulement de cette lettre, mais de toutes les autres. (Pièces
justificatives, n° II?)

XV

Le Saint-Père porte, le 20 décembre 1623, un jugement définitif sur toute cette affaire, M. Gramidon ne le cite même pas, et prononce une décision opposée. Je demande si c'est là le respect et l'obéissance que tout catholique doit au Saint-Siége. Voilà pourtant à quel excès, dans son aversion pour M. de Bérulle, est arrivé, sans le soupçonner, M. l'abbé Gramidon.

II

Il y a plus.

Les Souverains Pontifes n'ont pas réglé le gouvernement du Carmel de France sans s'être livrés à un sérieux examen. Ils ont prononcé en faveur du P. de Bérulle, après avoir instruit la cause et entendu les parties. Je n'ai pas à refaire ici l'histoire de ce procès, qui a duré près de quatre ans. J'en donne ailleurs le récit circonstancié [1]. Peut-être même M. Gramidon aurait-il renvoyé à Meaux, sans les publier, les notes qu'il en a reçues, s'il ne s'était trop hâté de prendre en main une cause dont il connaissait peu les dossiers. Mais ce qu'il importe de constater, c'est qu'il n'est point une seule des accusations articulées aujourd'hui par M. Gramidon et par la Révérende Mère Prieure de Meaux, qui ne l'ait été déjà, et avec bien plus de force, par les Carmes et les représentants des Carmélites opposées à M. de Bérulle.

On en peut voir l'énoncé, ainsi que je l'ai indiqué, et dans M. de Marillac [2], et dans une lettre fort curieuse du P. Coton [3], et dans les pamphlets que publiaient les

1 *Le Père de Bérulle et l'Oratoire de Jésus*, ch. IX, X, XI.
2 *Discours sommaire*, p. 11 et suivantes.
3 Voyez plus bas, Pièces justificatives, n° II.

Carmes et leurs amis[1], pièces que M. Gramidon semblè ignorer complétement.

Ainsi la fastidieuse histoire des Constitutions[2], l'interprétation arbitraire de la bulle de Clément VIII, l'objection tirée du nombre des Religieuses, le reproche fait à M. de Bérulle d'introduire un esprit nouveau dans le Carmel et de lier les Religieuses par un quatrième vœu, tout cela, avant d'être de nos jours écrit à Meaux et imprimé à Paris chez Poussielgue, a couru les pamphlets du dix-septième siècle, a été libellé et envoyé à Rome.

Ceci est un fait. Je cite mes autorités, le lecteur peut y recourir : il verra si je dis vrai. Or, le fait admis, je prie le lecteur de considérer la conséquence. J'ai réfuté historiquement toutes les erreurs historiques de M. Gramidon. Mais, à vrai dire, pour venger M. de Bérulle, il n'en était nul besoin. Il suffisait de constater que toutes ces allégations, et dans le nombre il s'est gliss é des calomnies, ont été portées à Rome; que Rome, avec

---

[1] *Le Père de Bérulle et l'Oratoire de Jésus*, ch. x.

[2] Je n'ai point à discuter ici la question des Constitutions. Je renvoie le lecteur à la Notice très-solide, quoiqu'elle ne paraisse pas telle à M. Gramidon, publiée en tète de la *Règle primitive et Constitutions des Religieuses de l'Ordre de Notre-Dame du Mont-Carmel, selon la réformation de sainte Thérèse pour les monastères de son Ordre en France.* Poitiers, Oudin, 1865. — Je me borne à ajouter que l'agent des Carmélites opposantes, Smith, souleva à Rome la question des Constitutions (Voyez MARILLAC, *Discours sommaire*, p. 11 et 12.); que l'agent des Supérieurs français lui répondit, et que le Pape ne trouva pas que M. de Bérulle et les Supérieurs français avaient dépassé leurs pouvoirs, puisqu'il leur donna gain de cause. Du reste, M. Gramidon avoue « que » les retranchements que l'on fit furent motivés par les pouvoirs, nou- » veaux donnés à M. de Bérulle en 1614. » Il dit cela à la page 181; et à la page 177 il laisse peser sur les Supérieurs français, y compris M. du Val, le soupçon d'avoir commis un acte irrégulier et anticanonique! Mais encore une fois, la question a été examinée à Rome sous toutes ses faces. De quel droit et à quel juge en appellera-t-on ?

sa sagesse, a tout pesé, tout examiné, et a déclaré que M. de Bérulle demeurerait visiteur des Carmélites, et que ses successeurs dans le généralat de l'Oratoire le seraient après lui.

Et qu'on le remarque. De ce procès, dans lequel les amis des Carmes n'ont pas rougi d'alléguer contre M. de Bérulle de honteuses accusations, M. de Bérulle est sorti si pur aux yeux du Pape, son juge, que le Roi de France, ayant à solliciter de Rome une grâce difficile à obtenir, ne crut pouvoir envoyer personne qui inspirât plus de confiance à Sa Sainteté que le P. de Bérulle, et cela moins d'un an après la fin de ces tristes débats [1]. Urbain VIII, de son côté, après avoir vu de plus près encore M. de Bérulle, prit une telle confiance en lui, qu'il le chargea de plaider auprès du Roi de France les intérêts du Saint-Siége, et bientôt après, nonobstant ses prétendues *tendances gallicanes*, *nationales* et *séparasites*, l'éleva au cardinalat [2].

Il serait superflu d'insister. Le jugement du Saint-Siége me console des arrêts de M. Gramidon.

---

[1] *Le Père de Bérulle et l'Oratoire de Jésus*, ch. xi.
[2] *Id.*, ch. xiii.

CONCLUSION.

Résumons. Le volume de M. Gramidon contient une partie théorique et une partie historique.

Dans la partie théorique, sans tenir aucun compte des actes récents du Saint-Siége accordant à tous les monastères de Carmélites de France des faveurs pareilles à celles dont la Prieure de Meaux se glorifie, sans même en faire la moindre mention, M. Gramidon affirme qu'actuellement il n'y a de salut pour le Carmel que dans la Congrégation de Saint-Élie, et que la Congrégation de France n'est que l'ombre d'un grand nom. *Magni nominis umbra.* Dans la partie historique, il s'efforce de prouver, pour ruiner le Carmel de France par sa base, que dès l'origine le P. de Bérulle a vicié l'institution de sainte Thérèse.

Mgr l'Évêque de Poitiers vient de faire justice des prétentions théoriques de M. Gramidon. Il a déclaré « qu'il » blâmait cette publication et le livre lui-même, comme » étant de nature à inquiéter sans fondement la con- » science des Religieuses Carmélites et à troubler la paix » des monastères », et « il a défendu par suite à ses chères » filles, des maisons de Poitiers et de Niort, de lire ou » de retenir l'ouvrage ci-dessus mentionné. » De ce côté la cause est jugée.

Restait la partie historique du livre de M. Gramidon. J'espère avoir démontré : d'un côté, qu'on ne devait

5

se fier à un travail rempli d'insinuations, de confusions, de suppressions, de parti pris, tels que ceux dont j'ai donné des exemples; d'un autre côté, que l'auteur des *Notes historiques* ne pouvait soutenir sa thèse contre le P. de Bérulle qu'en méprisant l'autorité des Saints, des nonces, des Souverains Pontifes, qui ont donné raison à M. de Bérulle.

C'est au lecteur réfléchi à juger maintenant, et à voir ce qui subsiste du petit livre de M. Gramidon.

Un seul mot encore.

M. Gramidon, après avoir fait de M. de Bérulle, et en s'y reprenant à bien des fois, le portrait que chacun sait, veut bien regretter que « ses *admirateurs* trop ar- » dents à le défendre, à cause de l'exagération même de » leurs éloges, n'aient pas réussi à lui donner la vraie » place qu'il devrait occuper[1]. » Celle sans doute que lui réservent la Prieure de Meaux et M. Gramidon.

Ce reproche me touche peu. Je me trouve en bonne compagnie pour *admirer*. Mon *admiration*, d'ailleurs, n'a rien enlevé à ma véracité. J'ai dit la vérité, toute la vérité. J'ai pu ignorer, j'ai certainement ignoré quelques détails; sciemment je n'ai rien omis de ce qui était de nature à éclairer le lecteur. Dans mon *admiration*, d'ailleurs, M. Gramidon me permettra de le lui dire en finissant, j'éprouve une grande joie, celle d'être fidèle aux enseignements que j'ai reçus. C'est, en effet, dans la sainte maison de Saint-Sulpice où Dieu m'a fait l'ines- timable grâce de me préparer au sacerdoce, que j'ai commencé à connaître et à aimer M. de Bérulle. A

[1] *Notes historiques*, ch. XI, p. 215.

Issy, dans le pieux oratoire du Sacré-Cœur, au-dessus
duquel s'élève le sanctuaire de Lorette, on gardait pré-
cieusement ses restes. A Paris, dans la chapelle, une
inscription, nous apprenait que ses ossements y étaient
religieusement conservés; dans le parloir, son portrait,
une belle toile de Philippe de Champagne, semblait
présider à nos conversations; au réfectoire, la lecture de
table, lorsqu'elle était tirée de la consciencieuse histoire
de M. Olier, par M. Faillon, nous expliquait comment la
Compagnie de Saint-Sulpice ayant été privée du corps
de son fondateur, la Providence avait voulu la dédom-
mager en y substituant le corps du Cardinal de Bérulle.
Car les membres de l'Oratoire et de Saint-Sulpice, ajou-
tait-on, ne formaient au fond qu'une même famille,
étant les uns et les autres les fils du même père, les
héritiers du même esprit, et pouvant dire avec vérité :
Filii sanctorum sumus [1]. Des recherches longues et con-
sciencieuses, je le puis affirmer, m'ont prouvé que nos
maîtres avaient raison. En essayant de faire revivre une
grande et sainte figure inconnue d'un grand nombre,
dénaturée par plusieurs, j'étais donc fidèle et à la
règle générale qu'on nous enseignait à Saint-Sulpice, celle de respecter tout ce qui est respectable, et
aux traditions domestiques laissées par le vénérable
M. Olier à sa Compagnie. Aussi ne m'attendais-je pas,
je l'avoue, à voir venir de ce côté les attaques contre
M. de Bérulle. Mais de ce côté aussi m'est venu le secours.

[1] *Vie de M. Olier*, par M. FAILLON, prêtre de la Compagnie de Saint-
Sulpice. Paris, 2ᵉ édit., Poussielgue, 1853, t. II, IIIᵉ part., liv. VI,
p. 563.

Pour repousser une douloureuse agression, je n'ai eu
qu'à me rappeler, ainsi que parle l'Esprit-Saint, les
entretiens des vieillards : *Non te prætereat narratio
seniorum;* les discours de ces hommes qui avaient blan-
chi dans la science et la piété, et ne faisaient eux-mêmes
que nous transmettre l'héritage de respect et de doctrine qu'ils s'étaient passé de main en main depuis
M. Olier: *ipsi enim didicerunt a patribus suis.* C'est
d'eux que j'ai appris le peu que je sais: *ab ipsis disces
intellectum;* c'est d'eux, c'est de ces prêtres sans ambi-
tion, oublieux de leur intérêt propre, ignorant le monde
et ses intrigues, mais remplis pour l'Église et son Chef
du plus religieux amour, que j'ai appris à répondre
quand il était nécessaire, quand il fallait venger un serviteur de Dieu calomnié; *et in tempore necessitatis dare
responsum* [1]. J'ai répondu, et je reviens à mes travaux.
Plus que jamais, il me tarde d'achever le portrait d'un
homme que le Carmel de France vénérera toujours
comme son père, le clergé comme son réformateur et
son modèle, et qui, honoré de la confiance particulière
des Souverains Pontifes, revêtu par eux de la pourpre,
se montra durant toute sa vie et jusqu'au dernier soupir,
le fils le plus soumis, le défenseur le plus zélé de la
sainte Église romaine.

[1] *Eccli.,* viii, 11 et 12.

LETTRE PASTORALE

DE

MGR L'ÉVÊQUE DE POITIERS

AUX RELIGIEUSES CARMÉLITES DES MONASTÈRES DE POITIERS ET DE NIORT

Louis-François-Désiré-Édouard PIE, par la grâce de Dieu et du Siége Apostolique, Évêque de Poitiers, Assistant au Trône Pontifical, etc.

A nos chères Filles en Jésus-Christ les Carmélites du Monastère de l'Incarnation de Poitiers et du Monastère de la Passion de Niort, Salut et Bénédiction en Notre-Seigneur Jésus-Christ.

I. S'il est un bien que la sainte Église demande à Dieu, qu'elle poursuive de tous ses efforts et dont elle ait besoin sur la terre, assurément c'est la paix. L'Église n'ignore point la condition qui lui est faite, et le nom même de militante qu'elle porte l'oblige de se souvenir qu'elle ne saurait ici-bas se soustraire au combat. Mais telle est justement la nature de ces luttes qui sont la loi et l'honneur de sa vie, que, pour les livrer avec succès, elle a besoin d'être paisible; et sa force contre les méchants, qui sont ses seuls ennemis, vient surtout de sa paix intérieure. Voilà pourquoi saint Paul, conjurant les chrétiens de prier pour tous les hommes, veut cependant qu'ils prient davantage encore pour ceux qui sont dans les

charges publiques, afin d'obtenir cette quiétude et cette tranquillité de vie [1] qui dépend d'eux plus que de personne, et
qui nous permet de faire librement et pleinement l'œuvre du
Christ, à savoir de propager la vérité et la justice, d'établir
partout le règne de Dieu, et de sauver les âmes. Depuis son
origine et durant tout le cours des siècles, l'Église n'a pas
manqué d'adresser à Dieu cette prière.

Mais si, dans cette grande et pacifique cité de Dieu, il y a
quelque région où la paix est plus nécessaire et semble devoir
rester plus inviolable, ce sont les monastères, et, entre tous
les autres, ceux qui servent d'asile aux vierges consacrées. Là
aussi, et plus qu'ailleurs peut-être, se livrent les saintes ba-
tailles contre les esprits de malice qui, étant les ennemis dé-
clarés et implacables de Dieu, sont, au dire de l'Apôtre, les
princes et les gouverneurs de ce monde ténébreux aveuglément armé contre lui [2]. C'est pourquoi il importe tant
qu'on y jouisse d'une paix plus stable et plus profonde. Autrement, cette grande arme des contemplatives qui est l'oraison, s'émousse; leur action s'en trouve affaiblie, et par
suite, leur œuvre restreinte et compromise. Aussi l'Église n'a
rien tant à cœur que de protéger la quiétude des cloîtres : elle
y emploie toute la vigueur de sa discipline; et parmi tant
d'objets divers où s'étend la sollicitude de l'évêque, un des
principaux est le maintien de cette discipline et la défense de
cette paix dont elle est le rempart.

II. Or, vous ne le savez que trop, mes Filles, depuis plusieurs années l'homme ennemi cherche à troubler, dans la
grande famille religieuse à laquelle vous avez la grâce d'appar-
tenir, cette paix précieuse et indispensable. Trompant par de

[1] Timoth., II, 1, 2.
[2] Éphes., VI, 12.

beaux prétextes des âmes qui peuvent être bien intentionnées, mais dont le zèle n'a pas toujours été éclairé par la science ni modéré par la sagesse, il en est venu à jeter des inquiétudes dans les consciences, et des semences de division dans un Ordre que Dieu veut uni et qui l'avait été pendant si longtemps.

Nous avons suivi ce mouvement d'un œil attentif. Sans croire convenable d'entrer par nous-même dans le détail d'une polémique d'autant plus regrettable qu'elle tendait de jour en jour à une plus grande publicité; sans juger même opportun de combattre directement des entreprises que nous pensions devoir être tôt ou tard arrêtées, nous avons continué de travailler sans relâche à l'œuvre commencée par nous dès les premières années de notre épiscopat, et dont l'occasion nous fut offerte, vous savez comment.

Par l'effet naturel du temps, et aussi par suite de l'heureuse multiplicité des fondations nouvelles, les livres propres à votre Carmel étaient épuisés, et presque tous vos monastères étaient en souffrance sur ce point. Une libéralité providentielle mit votre maison de Poitiers à même d'apporter un commencement de remède à cette situation. Prié d'autoriser une réimpression, je fus le premier à soulever et à considérer sous toutes leurs faces les questions qui devaient déterminer notre conduite. Au lieu de rééditer les livres usités en France, n'y avait-il pas lieu d'adopter ceux de l'Espagne, votre patrie natale, ou de l'Italie, patrie privilégiée de tout ce qui est catholique? Ni les évêques consultés, ni vos monastères interrogés, ne furent de cet avis, et ma propre conscience fut bientôt formée par des raisons invincibles.

Avant tout, nous nous trouvions en face de ce qui a toujours eu un si grand poids dans la jurisprudence universelle, mais surtout dans la jurisprudence canonique et dans la con-

duite administrative de l'Église, je veux dire la possession
d'état, possession plus de deux fois séculaire. Les diversités
d'ailleurs, de l'aveu de tous, portaient sur des particularités
de peu de conséquence. Les Constitutions de telle date reven-
diquaient une plus exacte fidélité aux décisions papales, sans
préjudice de la conformité à l'esprit, sinon au texte, de la
sainte réformatrice. Les Constitutions d'une autre date respec-
taient plus littéralement l'œuvre de celle-ci, et s'étaient introduites et maintenues dans des conditions de pleine soumission
au Saint-Siége. Outre la possession, elles avaient en leur faveur de s'être conservées sans interruption sous le gouvernement direct des représentants du Vicaire de Jésus-Christ en
France : et comment croire que les nonces apostoliques avaient
eu assez peu souci de leur devoir pour présider durant des
siècles à un régime établi en opposition à une autorité qui se
personnifie pour ainsi dire en eux-mêmes? D'ailleurs, des con-
temporains remplis de l'esprit de Dieu, saint François de
Sales, par exemple, se plaçant au point de vue des choses et
des hommes du moment, avaient dit leur mot dès l'origine
sur l'article le plus délicat de l'établissement français. Des
âmes telles que la Bienheureuse Marie de l'Incarnation, et la
Vénérable Madeleine de Saint-Joseph, avaient non-seulement
accepté, mais voulu et défendu ce régime, et le procès de leur
béatification ne les en a pas moins qualifiées, ainsi que tant
d'autres après elles, membres de la grande famille du Carmel
de sainte Thérèse. Si, dans le cours de deux cents ans, la direction des séculiers avait pu imprimer çà et là quelques mar-
ques des opinions alors en faveur, l'histoire des réguliers
durant toute cette période ne nous les montrait point à l'abri
des déviations de la doctrine et de la discipline. Enfin, depuis
le commencement de ce siècle, la pratique universelle introduite en France par l'autorité apostolique avait achevé d'ôter

à la controverse tout caractère d'opportunité. Dans ces conditions, rompre radicalement avec un passé vénérable à tant de titres, n'était-ce pas innover sans nécessité, et, pour plaire peut-être à quelques esprits, en contrister un bien plus grand nombre et provoquer des scissions affligeantes? De tous ceux à qui nous avons posé alors la question, et parmi eux était le Général même des Carmes, il ne se trouva personne qui osât nous engager dans cette voie, personne qui ne donnât raison au parti auquel nous nous sommes attaché. Ce parti, c'était de soumettre directement à l'approbation du Saint-Siége chacun des livres et des documents de l'observance française dont la réimpression devait s'opérer dans notre diocèse. Ainsi avons-nous fait, sachant que c'était là pourvoir aux besoins et répondre aux désirs de la presque totalité des monastères engagés dans cette observance, et s'associer aux intentions de tous les évêques avec lesquels nous avions été dans le cas de nous mettre en rapport.

C'est ainsi que le Propre et le Calendrier de votre Missel et de votre Bréviaire, après un examen soigneux de la Congrégation des Rites, ont reçu l'approbation du Pontife romain par un rescrit du 17 février 1858. C'est ainsi encore qu'en 1869, désireux de consoler les âmes et de calmer les esprits qu'on avait commencé d'agiter, nous avons successivement obtenu des Congrégations, soit des Réguliers, soit des Rites, plusieurs rescrits fort importants pour vous. L'un, du 23 mars, assure à toutes les Carmélites des monastères de France la participation régulière aux priviléges et grâces spirituelles dont jouissent celles de leurs Sœurs qui dans les autres pays font des vœux solennels; le second, du 5 avril, oblige les confesseurs et chapelains affectés au service desdits monastères à se conformer pour la messe conventuelle à leur Propre et à leur Calendrier : privilége propre des *Moniales ;* le troisième enfin, rendu le 29 juillet, après un examen auquel les RR. PP. Carmes de Rome avaient eux-mêmes pris part, contient l'approbation du livre appelé par vous *Manuel d'offices* ou *Processionnal*, et qui renferme presque tous les usages de France : on y concède en même temps à tous les Ordinaires de ce pays de permettre, au nom et par l'autorité du Siége apostolique, l'usage de ce *Manuel* à tous les monastères qui respectivement leur en feront la demande : ce qui a été adopté à peu près universellement, comme il était arrivé pour le Propre et le Calendrier.

Après ces confirmations réitérées et publiques d'un ordre de choses pratiqué depuis deux siècles sous le contrôle de la nonciature apostolique, nous étions en droit de penser que les contestations sur ce point étaient devenues impossibles, et les prétextes semblaient ne plus exister aujourd'hui pour infirmer une possession appuyée sur de pareils titres.

III. Or voici qu'après la réédition plus ou moins corrigée d'une ancienne Vie de saint Jean de la Croix dont on a fait l'introduction d'un plaidoyer en règle pour l'observance de la Congrégation de Saint-Élie, et d'une critique plus que sévère de l'observance de France [1], on publie un livre plus court, écrit dans le même sens, et avec le but avoué de persuader au monde, et d'abord à vous toutes, mes Filles, que votre situation en France n'a pas cessé d'être irrégulière, et qu'elle l'est aujourd'hui plus que jamais ; que vous n'avez point l'esprit de sainte Thérèse, et que vos devancières dans la Religion ne l'ont pas eu non plus ni pu l'avoir, attendu qu'elles n'ont jamais été gouvernées par les Carmes, seuls dépositaires de cet esprit ;

---

[1] *La Vie de saint Jean de la Croix*, par le P. DOSITHÉE DE SAINT-ALEXIS, revue par la Révérende Mère Marie-Élisabeth de la Croix, Carmélite déchaussée.

que par suite votre devoir comme votre intérêt est de quitter
votre observance pour vous réunir à l'Ordre dont vous êtes
séparées, et devenir enfin par là filles de sainte Thérèse.

Ce livre est intitulé : *Notes historiques : les Origines et la
Réforme thérésienne de l'Ordre de Notre-Dame du Mont-
Carmel en Espagne, en Italie, et particulièrement en France.*
Ce même titre nous apprend que l'auteur est *un prêtre de la
Communauté de Saint-Sulpice.* Le livre paraît d'ailleurs sans
imprimatur de l'Ordinaire, et sans licence aucune ou appro-
bation de la Congrégation dont l'auteur semble faire partie.

Il ne nous appartient pas d'apprécier ici l'historique tracé
par lui de l'établissement des Carmélites en France, non plus
que ses jugements sur les personnes qui y ont concouru. Nous
aurions à ce sujet plus d'une erreur à relever, plus d'une lacune à combler, et toutes sortes d'observations à faire. On ne
manquera pas sans doute de répondre à plusieurs de ces allégations dans des livres où ces sortes de débats peuvent être à
leur place. L'attaque nouvelle rend cette défense légitime ou
plutôt nécessaire. Mais c'est une raison de plus pour nous de
déplorer cette inconsidération aujourd'hui trop fréquente qui,
livrant tout à la publicité, soumet à un public incompétent
les questions les plus réservées et les plus délicates, au risque
de donner lieu aux jugements les moins fondés et souvent les
plus dommageables [1]. Le clergé, à qui Dieu fait un devoir de
ne pas se conformer au siècle [2], est plus particulièrement tenu
de s'observer sur ce point.

Nous est-il permis de rendre une impression que nous avons
ressentie en lisant les pages dont il s'agit? Nous nous rappelions
involontairement les graves recommandations que saint Paul

[1] Il est tout à fait contraire à nos intentions que notre présente Lettre
pastorale soit publiée par la presse quotidienne.
[2] Rom., II, 2.

adresse, et avec tant d'insistance, à ses plus chers disciples Timothée et Tite: «Je t'ai prié», dit-il au premier, «d'interdire « à plusieurs de s'occuper, comme ils le font, à ces généalogies « interminables qui soulèvent des questions sans produire d'édi- « fication [1]. » — « Évite », dit-il à l'autre, « ces questions hors « de propos, et ces débats sur les origines, et ces disputes, et « ces luttes de paroles touchant les textes de la loi; car tout « cela est inutile et vain [2]. » — « Toutes ces recherches déréglées « ne vont qu'à engendrer des différends et des procès [3]. » Plût au ciel que l'auteur des *Notes* se fût inspiré de cet esprit et eût suivi ces règles si sages : d'autant que cette prudente réserve semble être davantage dans l'esprit et dans les habi- tudes de la vénérable Compagnie de Saint-Sulpice. Dans une occasion mémorable, nous nous sommes fait un devoir de re- prendre les détracteurs de cette pieuse et docte société [4]; et nous aimerons toujours à reconnaître ses mérites, et à témoi- gner les sentiments dont nous sommes animé envers elle. Dieu la préserve de voir ses traditions domestiques et tout son passé soumis aux investigations d'une procédure marquée au coin de celle qui s'étale dans plusieurs chapitres dont la lec- ture ne nous a pas causé moins de surprise que de tristesse!

IV. Mais quoi qu'il en soit de la valeur historique et cri- tique du livre en question, nous n'entrerions point dans ce champ de controverse s'il ne s'agissait que d'érudition et de recherches. Le côté qui nous touche, c'est le côté des conclu- sions pratiques hardiment tirées par l'auteur. Ici l'ingérence dans le domaine de l'autorité épiscopale est flagrante. Ainsi l'ont compris plusieurs de nos Vénérables Frères, dont les

[1] I Tim., 4.
[2] Tit., III, 9.
[3] II Tim., II, 23.
[4] Concil. Rupellen. (1858), C. I, 8.

plaintes nous sont parvenues. A l'heure où je trace ces lignes, un cri d'étonnement et de douleur m'arrive d'au delà de nos frontières actuelles : la famille du Carmel, menacée d'une seconde expatriation, n'était pas préparée à ce qu'une main amie vînt lacérer ce titre subsistant et mille fois chéri d'une même origine et d'une glorieuse parenté.

Pour nous, notre conscience nous dit que, sous peine de manquer au devoir de notre charge pastorale, il nous appartient de blâmer cette publication et le livre lui-même, comme étant de nature à inquiéter sans fondement la conscience des Religieuses Carmélites et à troubler la paix de nos monastères. Nous défendons par suite à nos chères Filles des maisons de Poitiers et de Niort de lire ou de retenir l'ouvrage ci-dessus mentionné. Et parce que ce livre étant maintenant publié et déjà commenté, les allégations ou insinuations qu'il contient peuvent émouvoir certains esprits, et vous être rapportées ensuite sous forme de critique ou même de direction et de conseil, voulant défendre votre tranquillité et vous tracer la voie à suivre, nous déclarons :

I° Qu'on n'est aucunement fondé à blâmer ce qui a été statué par le Saint-Siége pour le gouvernement des Carmélites de France, spécialement depuis les Brefs de Paul V qui avaient soumis définitivement leurs monastères à des visiteurs apostoliques : régime qui a duré sans interruption, et chacun sait avec quels fruits, jusqu'à la révolution française. Il est plus que téméraire à des particuliers de prétendre que ce régime, contraire, dit-on, aux volontés expresses de la sainte réformatrice, a nui au bien spirituel des Carmélites de France, en les empêchant de recevoir l'esprit de la réforme et d'être réellement unies à l'Ordre du Carmel : comme si les esprits particuliers qui se manifestent dans les Saints et subsistent dans les familles religieuses qui leur doivent leur vie et leur forme, n'avaient pas leur source première et leur plénitude en Jésus-Christ, chef invisible de toute l'Église, et leur source seconde en son Vicaire en terre, qui, par les approbations qu'il donne, les directions qu'il imprime et les sages règlements qu'il fonde, fait dériver l'esprit ici ou là, selon les desseins secrets de la divine Providence!

Nous déclarons 2° qu'on n'est pas fondé davantage à prétendre que, quoi qu'il en soit du passé, le Saint-Siége veut ou désire présentement que les Carmélites de France quittent les Constitutions qu'elles ont, de l'aveu de tous, gardées depuis leur origine, leurs livres liturgiques, et enfin toute leur observance, pour prendre les Constitutions, la liturgie et l'observance de la Congrégation de Saint-Élie. Il n'est nullement exact de dire qu'avant d'accorder à quelque monastère français que ce soit l'érection canonique avec la participation aux priviléges des Religieuses à vœux solennels, le Saint-Siége ait posé pour condition préalable qu'on prendrait les Constitutions et l'observance de la Congrégation de Saint-Élie. La preuve en est : 1° que le monastère de Blois en 1861, et celui de Lons-le-Saulnier en 1866, avaient obtenu, avant celui de Meaux, et dans les mêmes termes, toutes les mêmes faveurs sans qu'on leur ait demandé de changer d'observance, changement que ces maisons n'ont pas fait ni eu la pensée de faire ; 2° que dans le rescrit accordé à la Prieure de Meaux en 1868, il n'est nullement fait mention de cette condition prétendue *imposée,* mais qu'au contraire le choix de cette observance était déjà déclaré, dans les suppliques, comme adopté spontanément par la Prieure et son chapitre ; 3° enfin, que dans les diverses démarches que nous avons successivement faites à Rome à l'effet d'obtenir pour les Carmélites de notre diocèse les approbations et les faveurs énumérées plus haut, il ne nous a été fait ni directement, ni indirectement, ni de vive voix, ni par écrit, ni par le Saint-Père, ni par les membres quelconques ou consulteurs des Congrégations des Rites ou des Réguliers, la moindre observation au sujet des Constitutions et de l'observance française. On ne nous a exprimé sur ce point ni la volonté ni même le désir que les Carmélites de France passassent d'une observance à l'autre, ni le regret qu'elles ne le fissent point. Les approbations du *Propre* et du *Manuel d'offices* ont été accordées sans l'ombre d'une difficulté; et le rescrit concédant à nouveau à tous les monastères les priviléges des Religieuses à vœux solennels a été donné sans condition, comme ceux de Blois, de Lons-le-Saulnier et de Meaux, et rédigé de la même manière.

Nous disons 3° qu'il n'est pas tolérable de laisser affirmer, comme on le fait si souvent dans le livre des *Notes* et dans d'autres écrits dont ce livre est la confirmation, que les Carmélites de France ne sont pas vraiment filles de sainte Thérèse et n'ont pas son esprit. Outre qu'un tel jugement ne paraît pas exempt de présomption, il semble peu respectueux pour le Saint-Siége lui-même. En effet, ayant d'abord béatifié Marie de l'Incarnation, la première des Carmélites de France, et qui a eu la plus grande part à l'établissement de ces monastères dont on voudrait faire croire que la source est canoniquement et spirituellement viciée, les Souverains Pontifes ont de plus prononcé par décrets solennels l'irréprochabilité doctrinale des écrits (4 mai 1785) et l'héroïcité des vertus (17 des kal. d'août 1789) de la Vénérable Mère Madeleine de Saint-Joseph, qui plus que toute autre a travaillé, combattu et souffert pour maintenir dans le Carmel de France le régime établi par Paul V. Sans parler de tant d'admirables filles qui, dans le cours des deux derniers siècles, ont édifié et illustré non-seulement le Carmel, mais l'Église tout entière de France, et dont la lignée aboutit aux glorieuses Martyres de Compiègne, nous ne pou-

vons omettre de mentionner ici les Vénérables Marguerite du
Saint-Sacrement et Louise de France, dont la cause de béatification est désormais introduite, et qui se sont, elles aussi,
sanctifiées sous votre observance. A qui essayera-t-on de persuader que toutes ces saintes âmes n'étaient pas de vraies Carmélites? Le Saint-Siége se tromperait donc en les proposant
comme modèles à toutes les Sœurs de leur Ordre, et l'on s'éga-
rerait en marchant sur leurs traces? Enfin, il est permis de le
demander sans crainte de céder à l'exagération du sentiment
national : quelque riche que soit par ailleurs son histoire depuis trois siècles, la Réforme thérésienne n'a-t-elle donc rien
à perdre à ce qu'il soit établi que tant de fruits d'éminente
sainteté et de vertu héroïque, éclos jusqu'à ce jour dans le
Carmel français, s'y sont produits en dehors d'elle? A qui
sainte Thérèse a-t-elle donné commission de s'ériger en tri-
bunal pour libeller cet acte de répudiation? Ne craint-on pas
de blesser l'honneur et les affections de la Mère, quand on
vient lui contester et lui ravir de telles Filles? Pour ma part,
il y a trente ans et plus que les titres de cette famille religieuse, quant à son passé et à son présent, me sont devenus
familiers. Rien n'est ici-bas à l'abri de l'imperfection humaine,
et les causes particulières de telle ou telle imperfection locale
peuvent procéder soit du dedans, soit du dehors. Mais je man-
querais à la vérité si je ne disais que, les yeux attachés sur le
parfait exemplaire du Carmel, qui est sainte Thérèse, j'ai
trouvé partout chez les Carmélites de France le trait distinctif
et le type héréditaire qui garantit leur filiation légitime.

V. Demeurez donc en paix, nos très-chères Filles. Sous la
garantie du Siége apostolique dont vous êtes les filles très-ai-
mantes, mais aussi, nous le certifions, très-aimées; sous la
protection et la conduite de vos évêques, gardiens jaloux de

vos saintes traditions et chargés de vous y maintenir, continuez d'être ferventes en votre saint état, régulières en votre observance, zélées à votre perfection et appliquées de toutes vos forces au service spirituel de la sainte Église. Lisez assidûment, étudiez avec intelligence, goûtez sous l'œil de Dieu et avec la grâce de son Esprit la vie et les œuvres de votre incomparable Mère. C'est là, et non dans quelques particularités secondaires, que vous trouverez son esprit. L'esprit de sainte Thérèse, c'est la foi vaillante et agissante, c'est une profonde humilité servant de base à un courage indomptable et à une magnanimité sans pareille; l'esprit de sainte Thérèse, c'est la sainte pauvreté sur laquelle elle a fondé tout l'édifice de sa réforme, c'est la parfaite obéissance, c'est l'amour du silence et la fuite de toute recherche personnelle; c'est l'oraison dont elle a mieux que personne exploré et expliqué les voies les plus hautes et les plus difficiles; c'est l'amour ardent, patient, fécond, joyeux, invincible de Dieu et des hommes; c'est très-particulièrement l'amour de l'Église, le zèle de sa gloire et le dévouement sans bornes à ses intérêts; enfin et par-dessus tout, c'est la soumission la plus entière, la plus empressée, la plus filiale à son autorité, c'est-à-dire définitivement au Saint-Siége. On dit et l'on répète à satiété qu'elle a voulu que ses filles fussent régies par les Pères de son Ordre, et que c'est en grande partie pour assurer à ses Religieuses le profit de ce gouvernement et de cette direction qu'elle a procuré leur réforme : nul ne l'ignore et rien n'est plus simple. Il était impossible que de son temps, et pour son pays, elle eût même l'idée d'un autre régime. Or, elle était morte depuis vingt ans quand, au prix de grands travaux et d'incroyables efforts, on obtint que les Carmélites d'Espagne vinssent fonder en France. Et de croire que sa foi et sa piété ne lui auraient pas fait accepter des dispositions que le Siége apostolique aurait établies

6

et maintenues comme plus appropriées aux circonstances des temps et des lieux, nous disons sans hésitation que c'est la méconnaître et la calomnier.

Nous ajoutons que c'est calomnier et méconnaître l'Ordre même des Carmes. Nous ne faisons point difficulté de mettre sous vos yeux, au bas de cette page, la lettre d'un de ces dignes Religieux ; elle reproduit des sentiments et des paroles que nous avions eu la consolation de recueillir nous-même, à Poitiers et à Rome, de la bouche du sage Général à qui il a été donné de rétablir plusieurs maisons de son Ordre en France [1]. Nous reconnaissons là l'Esprit de Dieu ; tandis que nous ne le trouvons point dans des agissements et des provocations que nous nous interdisons de qualifier.

Pour vous, mes Filles, appliquez-vous à ne blesser personne. Quoi qu'il en puisse être de celles de vos maisons qui, avec l'assentiment de leurs évêques, s'uniraient à la Congrégation italienne, nous voulons que, restant ce que vous êtes, vous ne le cédiez à aucune en sentiments de confiance, de charité, de déférence fraternelle et filiale envers ceux dont

---

[1]   *Carmel de ***, 4 octobre* **1871.**

J'ai trop tardé, ma Très-Révérende Mère, à vous remercier de votre accueil si bienveillant... Mon retard a été causé par le désir que j'avais de prendre une connaissance complète de vos Constitutions et de votre cérémonial, et de les rapprocher des nôtres et de celles de nos Mères d'Italie. J'ai vu avec plaisir la conformité identique dans l'esprit, et le plus souvent même dans la lettre, de vos Constitutions et des nôtres. On voit qu'elles sortent d'une même source et qu'elles portent les mêmes eaux, bien que par des canaux différents. Notre cérémonial lui-même a les plus grandes ressemblances avec le vôtre dans tout ce qui a trait à la Religion proprement dite, telles que sont les cérémonies relatives à la prise d'habit et à la profession religieuse. Quant aux Constitutions de nos Sœurs d'Italie, les différences sont de si peu d'importance qu'on peut les regarder comme étant au fond identiquement les mêmes.

Pour ce qui est de nos rapports avec nos Sœurs de France, j'ai dit trop franchement ma pensée à Votre Révérence pour que je redoute de

vous êtes les Sœurs en religion, et avec lesquels vous ne formez, sous les yeux de Dieu et de vos saints fondateurs et réformateurs, qu'une même et unique famille.

Que Notre-Seigneur Jésus-Christ, qui n'est pas le Dieu de la dissension mais de la paix, soit avec vous toutes, nos très-chères Filles, et y demeure à jamais !

Donné en Notre résidence de Mauroc, sous Notre seing, le sceau de Nos armes, et le contre-seing du secrétaire de Notre évêché, le vingt-huit juillet mil huit cent soixante-treize.

† Louis-Édouard, *évêque de Poitiers.*

Par mandement de Monseigneur :

Héline, chanoine, secrétaire.

la produire par écrit. J'estime qu'ils doivent être ceux de la charité la plus dévouée, mais en même temps la plus prudente. L'expérience ne nous a que trop montré que des hommes doués de bonnes intentions, mais d'un zèle qui n'était pas suffisamment éclairé, ont apporté le trouble où ils n'auraient dû apporter que la paix.

Notre Très-Révérend P. Dominique, qui avait autant d'expérience que de science et de vertu, m'a dit bien des fois, lorsque j'étais son secrétaire : « Dans le cours de mes voyages, j'ai dû, à la prière des » évêques, faire la visite des couvents de nos Sœurs, soit en Espagne, » en Italie, en Irlande, en Belgique ou en France. Partout j'ai trouvé » de vraies filles de notre Mère sainte Thérèse et le véritable esprit du » Carmel. C'est pourquoi je n'ai jamais ouvert la bouche sur les légères » différences qui pouvaient exister, le plus souvent à leur insu, entre « les Religieuses de tel pays comparé à tel autre. L'expérience m'a » prouvé, en effet, que ces différences, d'ailleurs peu considérables en » elles-mêmes, ne changeaient rien à la substance de l'esprit. »

La conduite de cet homme si sage et si plein de l'Esprit de Dieu est devenue invariablement la mienne, et j'ai toujours eu à m'en louer...

Frère ***, *Carme déchaussé.*

PIÈCES JUSTIFICATIVES

Nº I.

BREF DU PAPE URBAIN VIII.

JUGEMENT RENDU *par notre Saint Père le Pape Urbain VIII, par lequel après avoir oüy les procureurs des parties, et meurement considéré les droicts par elles prétendus, Il a ordonné que le jugement donné par son prédécesseur le Pape Grégoire XV, sur le différend meu pour raison du gouvernement et visite des Religieuses Carmélines de l'Ordre de saincte Térèse en France, et opposition formée par aucunes Religieuses de quelques monastères dudit Ordre, contre l'exécution d'un autre jugement auparavant donné par Sa Saincteté, seroit mis à pleine et entière exécution, nonobstant toutes choses à ce contraires.*

Urbain VIII, pour mémoire à perpétuité. C'est le devoir du Pontife romain, premier et souverain conservateur de ce qui est juste et équitable, de confirmer par la fermeté de la puissance apostolique, ce qui a esté par ses prédécesseurs ordonné avec meure délibération pour l'heureux régime et gouvernement, paix et tranquillité des fidelles de Jésus-Christ servans au Très-Haut sous le doux joug de la Religion, et specialement des Religieuses, afin que tous empêchemens ostez, ces choses soient inviolablement gardées et observées par tous ceux qu'elles touchent et concernent, autant que (les qualitez des choses, des personnes et des temps bien examinées) il cognoist estre expedient en Nostre Seigneur. Comme cy-devant le Pape Gregoire XV, nostre predecesseur d'heureuse mémoire a donné ses lettres dont la teneur ensuit. A sçavoir, Gregoire Pape XV, pour memoire à perpetuité, comme cy-devant le Pape Clément VIII, d'heureuse memoire, nostre predecesseur, inclinant à la supplication de nostre bien aymée fille en Jesus-Christ, Dame Catherine d'Orleans, princesse

de Longueville, par ses lettres expediées sous plomb, données l'an
de l'Incarnation de Nostre Seigneur m. dc. iii. du xiii de novembre,
eut erigé à perpetuité, et sans prejudicier à aucun, aux fauxbourgs
de la ville de Paris, un Monastère de Religieuses de l'Ordre de
Nostre Dame du Mont Carmel, sous la regle primitive d'iceluy
reformée et receuë : Et sous le soin, gouvernement, regime et
administration de noş bien-aymez fils Jacques Galemant et André
du Val, prestres du diocese de Rouen, docteurs en theologie, et
Pierre de Berule, aussi prestre du diocèse de Paris, conseiller
et aumosnier du Roy de France tres-chrestien Henry IIII de
tres-illustre memoire : le premier desquels devoit estre comme
preposé ou chef, et les deux autres comme assistans, leur vie
durant : Et advenant qu'ils se retirassent ou decedassent, de trois
autres prestres, de mœurs et intégrité de vie recogneuë, qui
seroient esleus sous certaines maniere et formes lors exprimées :
Eust estably ledit monastère chef de tous les autres monasteres
du même Ordre et reformation, qui de là en avant s'erigeroient
au royaume de France, duquel ils dependroient comme membres.
Et eust sousmis et assujetty ledict monastère, et les Abbesses,
couvent, Religieuses, recteurs, officiers, serviteurs, ministres
d'iceluy, ensemble ses heritages, et biens universels, meubles
et immeubles, au soin, gouvernement, régime, et administration
desdits Jacques, André et Pierre : et eux venans à se retirer ou
deceder, d'autres qui seroient esleus, comme dit est. Et par
après le Pape Paul V, d'heureuse memoire, aussi nostre predecesseur, par autres ses lettres expediées en mesme forme de bref
le xvii avril m. dc. xiiii. de son propre mouvement, certaine
science, et pure délibération, et de la plenitude de la puissance
apostolique, eust assujetty et sousmis, tant qu'il plairoit au Saint-
Siége apostolique, tant ledit monastere, et tous les autres de
Religieuses de l'Ordre des Carmelines Deschaussées, erigez jusques
alors en tout ledit royaume de France, que ceux qui s'en erigeroient
par apres, au soin, visite, correction et superiorité dudit Pierre
de Berule, estant lors et de celuy qui seroit superieur general
de la Congregation des prestres dits de l'Oratoire au royaume de
France. Et depuis par autres ses lettres en mesme forme
expediées le xiiii mars m. dc. xx. de ses mouvement, science,
deliberation, et plenitude de puissance semblables, eust approuvé
et confirmé sesdites lettres et toutes et chacunes les choses contenues en icelles. Et par apres ayant sceu que sesdites lettres,
non seulement n'avoient pas esté observées, mais au contraire,
que plusieurs choses avoient esté attentées contre la teneur

d'icelles : et ayant sur cette occasion esté informé de ce que les Religieuses desdits monastères alleguoient en leur faveur, et des droits pretendus par les Religieux dudit Ordre appellez Deschaussez, avoit ordonné que lesdites lettres seroient observées en certaines maniere et formes : mais son decez survenant les lettres n'en furent pas expediées. Nous en apres ayant esté par la disposition de la clemence divine eslevez au souverain degré de l'Apostolat, voulant pourvoir à l'estat et repos desdites Religieuses : De nostre propre mouvement, certaine science, et pure deliberation, par nos lettres expediées en la mesme forme, le xx mars m. dc. xxi, Avons approuvé et confirmé lesdites lettres du Pape Paul, nostre predecesseur : Mais sur ce que par apres, de la part de nos bien-aymées filles en Jesus-Christ, les Religieuses Carmélines Des-chaussées, des monasteres de Saint-Joseph, de l'Assomption de Nostre Dame à Bordeaux, et des monasteres de la Mère de Dieu à Xaintes, Bourges et Limoges, nous fut exposé qu'elles n'avoient pas esté suffisamment oüyes sur ce qu'elles pretendoient pouvoir estre dit en leur faveur touchant les choses susdites, soutenant, à raison de ce que lesdites lettres estoient subreptices, et entachées du vice de subreption et requerant d'estre oüyes derechef. Nous desirant leur impartir plus abondamment la charité paternelle et pourvoir que cependant les monasteres desdites Religieuses, et semblablement celuy du lieu de Morlaix au diocese de Leon, ne souffrissent quelque dommage, tant au spirituel qu'au temporel, à raison des dissensions, discordes et controverses nées à ceste occasion : Par autres nos lettres en mesme forme expediées le xiii janvier de la presente année. Nous suspendismes par autho-rité apostolique, tant qu'il nous plairoit et audit Saint Siege, le soin, regime, et administration des monasteres que nous venons de dire et des Religieuses d'iceux, et de tous les biens et choses à eux appartenans, tant au spirituel qu'au temporel, concedée et commise au general de ladite Congregation, qui est à present, et seroit cy-apres, et ausdits Religieux Deschaussez par les lettres susdites, et quelconques autres lettres apostoliques expediées, tant sous plomb, qu'en la mesme forme de bref, sous quelconques teneur et formes, de toutes et chacunes, lesquelles nous vou-lusmes aussi la teneur estre tenuë pour exprimée ausdites lettres : Et de la mesme authorité sousmismes et assujettismes cependant lesdits monasteres derniers mentionnez, les Religieuses et tous les biens et appartenances d'iceux, tant au spirituel qu'au temporel, à l'entier soin, regime, administration, jurisdiction et superiorité de nos venerables Freres les archevesques de Bordeaux et de

Bourges, et de quelques autres evesques et autrement, ainsi qu'il est plus amplement porté par lesdites lettres, de toutes lesquelles nous voulons que la teneur soit tenuë pour exprimée en ces presentes. Or *à present ayant suffisamment oüy les procureurs desdites Religieuses, et de rechef examiné pleinement les droicts pretendus par lesdits Religieux :* Et ayant sceu que, *selon nostre commandement,* nosdites lettres du xiiii janvier, n'ont pas esté entierement mises a execution . voulant, autant qu'il nous est concedé d'en haut, pourvoir heureusement au regime et direction desdites Religieuses : Et les absolvant, et chacunes d'icelles, des censures ecclesiastiques, si elles en ont encouru aucunes, pour les choses susdites, ou à l'occasion d'icelles, *de nostre propre mouvement,* non à l'instance d'aucune requeste, qui sur ce nous ayt esté presentée : mais de nostre certaine science et pure deliberation, et de plenitude de la puissance apostolique; pour les causes susdites à ce nous mouvans, par ces presentes : Nous *revoquons, cassons et annulons nosdites lettres du* xiiii *janvier, et toutes et chacunes les choses contenues en icelles, et tout ce qui s'en est ensuivy.* Ordonnons et declarons qu'elles sont et seront revoquées, cassées et annullées, et destituées de force et d'effect. En outre, *nous enjoignons et commandons en vertu de saincte obedience, et sous les peines à arbitrer par nous, à toutes les Abbesses, ou Prieures, Religieuses, et personnes des monasteres cy-dessus mentionnez : et de ceux des villes de Tours, Amiens, Rouen, Chãllons, Lyon, Orleans, Nantes, Tholose, Paris, Narbonne, Nevers, Troyes et Chartres : ceux de Pontoise et Dieppe au diocese de Rouen, de Dijon et Chastillon en celuy de Langres, Caen au diocese de Bayeux, Riom en celuy de Clermont, et de Beaune au diocese d'Autun, et de tous et chascuns les autres monasteres desdites Religieuses Carmelines Deschaussées, qui seront erigez au temps advenir à perpetuité audit royaume : Qu'elles obeyssent et entendent promptement ausdites lettres de Clement VIII du* xiii *novembre l'an* m. dc. iii. *en ce qui n'est point contraire à ces presentes : Ensemble aux lettres de Paul V expediées le* xiii *mars* m. dc. xx *et selon qu'il est porté par lesdites lettres desdits Clement et Paul nos predecesseurs : qu'elles vivent sous le gouvernement, regime, administration, et superiorité desdits Jacques, André et Pierre, le premier desquels sera comme preposé ou chef, et les deux autres comme assistans, ainsi qu'il est ordonné par lesdites lettres du Pape Clement nostre predecesseur, lesquels partant seront tenus de se trouver ensemble, lors qu'il sera besoin d'expedier les affaires graves*

*et importantes. Et sous la visite, correction et superiorité
(c'est à sçavoir, quant à la visite) dudit Pierre, general de la
dite Congregation, et de ses successeurs. Et qu'elles obeyssent
aussi et entendent promptement à leurs admonitions et commen-
demens salutaires, les reçoivent humblement, et ayent soin de
les accomplir efficacement :* autrement nous ratifierons et
ferons, avec l'ayde de Dieu, observer inviolablement jusques à
satisfaction condigne, la sentence ou la peine qu'ils auront
deuëment prononcée ou ordonnée contre les rebelles. Mais nous
voulons que toutes les Religieuses soient, le plus tost que
commodement se pourra faire, renvoyées aux convents où elles
ont fait profession, desquels elles ont esté transportées en
d'autres depuis le procez intenté : pourveu que lesdites Religieuses
soient accompagnées de leurs parentes et femmes de qualité aagées
et aillent droit d'un monastere à l'autre sans se destourner, et ne
puissent repaistre ny coucher en aucun lieu, sinon comme
hostesses et ce seulement chez des personnes d'honneur : et (s'il
se peut faire) leurs parentes. Davantage, d'autant que nous avons
appris que plusieurs doutent des choses qui ensuivent : pour lever
tout doute. Nous approuvons et confirmons d'authorité apostolique
par ces presentes, toutes et chacunes les erections et institutions
desdits monasteres, leur adjoustons la forme de l'inviolable
fermeté apostolique, et suppleons tous et chacuns les defauts, tant
de droit que de fait, si en iceux il en est intervenu quelqu'un en
quelque maniere que ce soit. En outre de nostre mouvement,
science, deliberation et plenitude de puissance, comme dessus,
nous statuons et ordonnons par ces presentes, quant à l'entrée en
la closture desdits monasteres, que les constitutions des Papes
Pie V et Gregoire XIII, de saincte memoire, aussi nos predecesseurs, soient observées. Et pour la deputation des confesseurs desdites Religieuses, les decrets du Concile de Trente soient gardez.
Que les novices ne puissent estre introduites ausdits monasteres,
sans le consentement des Religieuses assemblées en chapitre, par
vœux et suffrages secrets, ou de la plus grande partie d'icelles.
Que leur noviciat puisse estre prorogé outre le temps prefiny par
ledit Concile. Que nulle Abbesse ou Prieure ne puisse estre faite,
sinon par vœux et suffrages secrets, suivant les decrets du Concile
de Trente. Que la condition des converses ou layes ne puisse estre
changée en l'estat de celles qui sont du chœur. Que les Religieuses
qui ont eu recours au Sainct-Siege apostolique, ne puissent pour
raison de ce estre en aucune façon inquiétées ou molestées par
aucune personne, sous quelque pretexte que ce soit. Que les con-

stitutions observées jusques à present ausdits monasteres, et
approuvées par le Sainct-Siege apostolique, ne puissent sans le
consentement dudit Sainct-Siege apostolique, estre changées ès
choses qui ne sont pas contraires à nos presentes lettres. Et de
plus, afin de pourvoir mieux à l'estat desdits monasteres : que nul
monastere dudit Ordre au royaume de France ne depende d'un
autre du mesme Ordre, et n'en soit cy-apres reputé membre.
Reservant la prerogative d'honneur au Monastere de Paris, et que
chascun desdits monasteres ayt ses œconomes, officiers et ministres,
selon qu'il est ordonné par lesdites lettres du Pape Clement nostre
predecesseur. Et davantage de la mesme authorité nous concedons
et indulgeons ausdites Abbesses ou Prieures, Religieuses et personnes
desdits monasteres, qu'elles puissent librement et licitement jouir
et user de tous et chacuns les privileges, graces et indults, tant
spirituels que temporels, et en la mesme maniere dont usent et
jouissent les autres monasteres de Religieuses dudit Ordre, et les
Abbesses ou Prieures, Religieuses et personnes d'iceux, qui sont
subjets aux Religieux dudit Ordre. Partant nous *enjoignons aux*
archevesques et evesques dessusdits, et à tous les autres arche-
vesques et evesques, et autres ordinaires des lieux, et à tous
les superieurs desdits Religieux, et ausdits Religieux Des-
chaussez, sous les mesmes peines, que sous quelque couleur,
pretexte ou subtilité recherchée que ce soit, ils ne s'entre-
meslent en façon quelconque au regime, soin et gouvernement
desdits monasteres, Religieuses, biens et appartenances d'iceux,
et n'entreprennent d'exercer sur iceux aucune jurisdiction,
superiorité, visite et correction : au contraire, nous revoquons,
cassons et annullons tout le soin, administration, regime, jurisdiction et superiorité concedée sur tous et chacuns lesdits monasteres, par nous ou nos predecesseurs, et portée par les lettres de
l'erection desdits monasteres : tenant la teneur desdites lettres pour
exprimée et inserée en ces presentes, et ordonnons qu'elles soient
revoquées, cassées et annullées, sans force ny effect : que personne
ne s'en puisse ayder cy-apres, ny noter, impugner, blasmer, en-
freindre, ou retracter ces presentes lettres, et toutes les choses y
contenues, du vice de subreption, obreption, ou nullité, ou de
defaut de nostre intention, et autre quelconque, mesmes disant
que tous ceux qui ont, ou pretendent avoir interest aux choses cy-
dessus, n'y ont pas esté appellez et ouys, ny impetrer contre
icelles, et ce qu'elles contiennent, aucun remede de droit; de
fait, ou de grace, ny en user, l'ayant impetré, mais que cesdites
presentes lettres, et le contenu en icelles soient tousjours et à

perpetuité valides et efficaces, et observées inviolablement par tous et chacuns ceux qu'elles concernent ou concerneront à l'advenir en quelque sorte que ce soit, et qu'il soit ainsi et non autrement jugé et definy ès choses cy-dessus et chacune d'icelles, par tous juges ordinaires et deleguez, mesmes les auditeurs des causes du Palais apostolique. Leur interdisant et à chacun d'eux la puissance et authorité de juger et interpreter autrement. Déclarant nul et de nul effect tout ce qui pourra estre sur ce attenté, au contraire, par quiconque et de quelque authorité que ce soit. Partant nous mandons et commettons par ces presentes à nos biens-aymez fils *François, prestre, du tiltre de saint Calixte, dict de la Roche-foucaud, et Louys, diacre, dict de la Valette, cardinaux de la saincte Église romaine,* qu'ils, ou l'un d'eux, par soy, ou par autre, ou autres, où et quand besoin sera, et toutes et quantes-fois qu'ils en seront requis de la part desdits prestres, ou d'aucun d'eux, et non autrement, publiant solennellement les presentes lettres et toutes les choses contenuës en icelles : et les assistants du secours d'une defense efficace ès choses susdites : Ils facent de nostre authorité observer inviolablement toutes et chacunes les choses cy-dessus par tous ceux qu'il appartient : *Reprimant tous contredisans et rebelles, par sentences, censures et peines ecclesiastiques, et autres remedes convenables de fait et de droit, nonobstant l'appel, implorant aussi pour cet effect, si besoin est, le secours du bras seculier. Nonobstant lesdites lettres du Pape Clement nostre predecesseur, en ce qu'elles sont contraires à ces presentes : et autant que besoin seroit, nonobstant les nostres du 14 janvier dernier, et toutes autres lettres apostoliques : Et aussi nonobstant nos lettres données le neuviesme de may de la presente année, sur l'erection dudit monastere de Morlaix,* et aussi en tant que besoin seroit, nonobstant nostre regle, de n'oster point le droit acquis, et la constitution du Pape Boniface VIII d'heureuse memoire, aussi nostre predecesseur, pour une journée, et celle faite au Concile general pour deux, pourveu que personne ne soit appellé en juge-ment en vertu de ces presentes de plus loin que trois journées : Et toutes autres constitutions et ordonnances apostoliques, et tout ce que par les susdites lettres il est dit ne pouvoir empescher, et toutes autres clauses et decrets et les derogatoires contenuës en quelque sorte que ce soit aux lettres de l'erection desdits monas-teres. A toutes lesquelles et autres contraires quelconques, nous derogeons specialement et expressement pour cette fois seulement, tenant le contenu en icelles pour exprimé et inseré mot à mot en

ces presentes, encores que pour y deroger suffisamment, et à
tout ce qu'elles contiennent, il fust besoin d'en faire une expresse
et specifique mention, ou y garder quelque autre forme particu-
liere. Voulons aussi qu'aux vidimus et copies de ces presentes,
mesmes imprimées, souscrites de la main de quelque notaire
public, et scellées du cachet de quelque personne constituée en
dignité ecclesiastique, toute telle foy soit adjoustée en jugement et
dehors, que l'on feroit à icelles si elles estoient exhibées et pre-
sentées. Donné à Rome à Saincte Marie Majeure sous l'anneau du
Pescheur, le douziesme jour de septembre mil six cens vingt-deux,
l'an second de nostre pontificat. C'est pourquoy Nous desirans
pourvoir, autant que nous pouvons, selon Dieu à l'inviolable observation des lettres cy-dessus inserées, apres avoir suffisamment
oüy les procureurs desdites Religieuses, et meurement examiné les
droits par elles prétendus, de nostre propre mouvement, non à
l'instance d'aucune requeste qui sur ce nous eust esté présentée,
mais de nostre certaine science et pure délibération, et de la plénitude de la puissance apostolique, Nous approuvons et confirmons
par ces presentes les susdites lettres, et toutes et chacunes les
choses contenues en icelles, et leur adjoustons la force de l'inviolable fermeté apostoliqne : Enjoignons lesdites lettres, et tout le
contenu d'icelles estre toujours et à perpétuité valables, fermes et
efficaces, sortissans leur plain et entier effect, et estre inviolablement observées par toutes et chacunes les personnes qu'elles concernent ou concerneront à l'advenir en quelque sorte que ce soit,
et qu'il soit ainsi et non autrement jugé et definy ès choses cy-
dessus, et chacune d'icelles par tous juges ordinaires et deleguez,
mesmes les Auditeurs des causes du palais apostolique, leur
interdisant et à chacun d'eux la puissance et authorité de juger et
interpreter autrement. Declarant nul et de nul effect tout ce qui
pourra estre sur ce attenté au contraire, par quiconque et de quelque
authorité que ce soit. Partant nous mandons et commettons par ces
presentes aux susdits François et Louis, Cardinaux, qu'ils, ou l'un
d'eux, par soy, ou par autre, ou autres, où et quand besoin sera,
facent de notre authorité observer inviolablement les presentes
lettres, et tout le contenu en icelles par tous ceux qu'il appartient.
Reprimant tous contredisans et rebelles par sentences, censures et
peines ecclésiastiques, et autres remèdes convenables de fait et de
droit, nonobstant l'appel, implorant aussi pour cet effect, si besoin
est, le secours du bras séculier, nonobstant toutes les choses que
nostredit prédécesseur Grégoire a voulu par sesdites lettres ne
pouvoir empescher, et autres choses contraires quelconques. Donné

à Sainct-Pierre, sous l'anneau du Pescheur, le vingtième jour de décembre mil six cens vingt-trois, l'an premier de nostre Pontificat. Signé V., Theatin, et scellé du seau ou anneau du Pescheur en cire rouge.

Traduit et translaté de latin en françois de mot à mot, et de période en période, le plus fidellement et intelligiblement qu'il s'est peu faire, et duëment collationné sur son original latin, escrit en parchemin, sain et entier, en escriture, seing, et seel, ou anneau du Pescheur, par moy notaire public, par autho-rité apostolique et ecclésiastique à Paris sous-signé. Ce fait ledit original rendu avec ces présentes. Fait à Paris ce neuf-viesme jour de fevrier mil six cens vingt-quatre.

T. GALLOT.

N° II.

LETTRES INÉDITES DU R. P. COTON, DE LA COMPAGNIE DE JÉSUS.

COTON (PIERRE), d'une noble famille du Forez, né à Néronde, le 7 mars 1564, entra dans la Compagnie de Jésus en 1583. M. de Lesdiguières, depuis connétable de France, ayant parlé de ce jeune Religieux à Henri IV, celui-ci le fit venir à la Cour en 1603 , et le choisit bientôt pour son confesseur. Il fut aussi celui de Louis XIII jusqu'en 1617. Il mourut le 19 mars 1626, à l'âge de soixante-trois ans. Ce saint Religieux fut toujours étroitement lié avec le P. de Bérulle. J'ai eu occasion de parler souvent de lui dans *M. de Bérulle et les Carmélites de France*, et dans *le Père de Bérulle et l'Oratoire de Jésus*. On a sa vie par le P. Pierre Joseph d'Orléans, de la même Compagnie, imprimée à Paris, chez Estienne Michallet, en 1688, in-4°. — Parmi les lettres que je publie aujourd'hui, onze furent adressées à M. de Bérulle, six (3, 6, 7, 8, 12, 13) à M. de Marillac. Elles sont conservées aux Archives nationales, dans le fonds de l'Oratoire; j'indiquerai celles qui sont autographes et celles qui sont des copies du temps.

I.

Archives nationales, M. 234. — Autographe.

4 juin 1618.

PAX CHRISTI.

Monsieur et Révérend Père,

Je ne scaurois dilayer dauantage de m'esiouir auec vous sur l'heureuse départie de feu Sœur Marie de l'Incarnation qu'il me semble de voir en un degré de gloire et d'union auec Dieu grandement releué. Son saint nom en soit béni à iamais et de ce qu'il m'a donné la cognoissance de deux autres ames d'eslite esquelles ie remarque tout ce que i'ai leu et entendu de plus signalé en la vie des Saintz et Saintes de toute mémoire. Ie vous ai nommé sur le catalogue de ceux pour lesquelz elles prient ordinairement. O si je pouuois conférer une heure auec vous sur ce subjet. Pries, mon cher Père, à ce que ie ne sois une salamandre au milieu des flammes et que ie serue à la volonté de Dieu en la conduite de celles qui me deuroient conduire. J'ai escrit à Monsr de Marillac une particularité des stigmates inuisibles de feu nostre susdite Sœur, et entendrois volontiers là dessus vostre jugement et ce que vous en aues cogneu. Je rémémorerai d'autres choses outre ce que ie luy en ai envoyé, avec espérance que vous suppléeres à mon défaut et ne vous oublierez deuant Dieu de celui qui est le tout vostre en vostre tout,

Pierre Coton, de la Comp. de Jésus.

A Moulins, où ie presche depuis l'Ascension et serai iusques à l'octaue de l'admirable Sacrement, le iour saint Barnabé. Mère Térèze fait et soufre merveilles.

Le Roy accorde à mon frère une pension de 3 mille liures à mon départ, et l'aidai à l'obtenir tant pour le parachèuement de l'église S.-Michel de nostre collége de Roanne que pour donner à cognoistre que ie ne sortois point de la cour par coulpe ou en disgrâce. Il n'a rien touché et ne scait ce qui sera de l'advenir. Si voyant Monsr de Luines ou tel autre que vous estimeres y pouvoir coopérer, il vous semble bon d'en dire un mot, vous mériteres et nous obligeres.

(Sans suscription. A M. de Bérulle.)

II.

Archives nationales, M. 234. — Autographe.

8 août 1618.

PAX CHRISTI.

Monsieur et Révérend Père,

Respondant ces iours passez à nostre dernière, ie promis que sur la fin des exercices ie satisferois plus amplement aux poinctz qu'il vous a pleu me proposer. Touchant le premier qui concerne la bien heureuse amye de Jésus-Christ, j'adore, loue et remercie l'éternelle Prouidence de ce qu'il luy a pleu vous choisir (selon la prédiction que m'en auoit fait plusieurs années auparavant la sainte âme de Sœur Marie de l'Incarnation), pour establir un Ordre qui manquoit à l'Églize, et de ce que vous insinues en iceluy et dans la famille de la Bienheureuse Térèse la particulière déuotion (qu'il est très-iuste de se trouver en une partie de l'Églize militante) enuers les mystères de l'œconomie en chair du Verbe diuin, mystères qui comprennent en premier chef l'union incomparable de l'humanité à la diuinité, en second lieu les prééminences de la très-sainte Vierge Mère, et en troisiesme la spirituelle alliance de Jésus auec Marie Magdelaine. Et ne doute nullement que l'entendement humain ne soit court à comprendre ces trois admirables communications, soit à raison de leur excellence, soit en terme d'union. Et ne uois point d'absurdité pourquoy l'on ne puisse dire que l'amour séraphique qui s'estoit perdu au ciel, a commencé d'estre réparé sur terre en cette âme bien aymante, chef-d'œuvre de la miséricorde, comme Marie l'Innocente l'est de la grâce de Dieu. Séraphiques sont appelez (à moindre subiet selon le sens commun de l'Église), saint François, saint Bonauenture et sainte Catherine de Sienne.

Touchant les homélies d'Origène, le P. Gautier, le R. P. Louis Michaëlis, docteur du collége et qui a enseigné parmi nous la théologie, le R. P. Louis Deserres, recteur de cette maison de probation, et moy n'estimons pas que l'on s'en puisse scruir, *etiam suppresso nomine*, tant pour ce que l'auteur est décédé (selon la plus receuable opinion) hors de la communion de l'Église (du moins il n'appert rien du contraire), comme pour ce que sa mémoire a esté condamnée encore après sa mort, et il seroit difficile que l'on ne recogneust l'auteur de telles homélies par le style et la seule lecture, ioinct que ce n'est la coustume de lire en l'Église des leçons anonymes. En eschange, il est facile d'employer ou l'exposition de S. Ambroise sur le 7 de S. Luc, qui commence : *Hoc loco plerique pati videntur*, ou la 23 des 50 homélies de saint Augustin, ou 3 beaux sermons de Pierre Chrysologue, sçavoir est le 93, 94 et 95 : *De ea quæ unxit Dominum unguento*, ou l'homélie fameuse de S. Grégoire le Grand, qui commence : *Cogitanti de Mariæ pœnitentia flere magis libet quam aliquid dicere*, ou le signalé sermon de S. Bernard fait sur sa feste et commence : *Hodiè misericordia et veritas obuiauerunt sibi*, ou l'exposition du vénérable Bède, extraitte de ses commentaires sur S. Luc, c. vii : *Sanctissima Mariæ pœnitentis historia*, etc. Tous lesquelz traittez se trouuent ioinctz ensemble et quelques autres de Théophylacte, Euthymius, Titus Bostrensis, Glosse Ordinaire, et *Catena Aurea*, au tome IV de la Bibliothèque des homélies anciennes, depuis la page 517. En mon particulier, ie souhaitte grandement que vous preniés la peine de dresser cet office et tout autant d'autres que Dieu vous inspirera à l'instar de celuy de la solennité de Jésus qui m'a pleu et esmeu grandement. L'Église en a peu de bien faitz à l'égal, si ce n'est ceux du S.-Sacrement, de la Passion, de la Transfiguration, de Nostre-Dame et quelques autres.

J'ai escrit trois fois à Monsr de Marillac touchant Sœur Marie
de l'Incarnation, que i'estime estre une grande Sainte deuant Dieu,
et seroit long d'insérer ici et dont ie n'ay retenu aucune copie à
cause de mes occupations. Il y a trois choses entre autres : l'une
vous regarde dont la moitié sera teue, l'autre exprimée : sçavoir est
que quand ie procurois auec la Royne mère qu'il pleust au feu Roy
de vous nommer pour précepteur du Dauphin qui est le Roy du
iourd'huy que Dieu bénie et conserue, elle me dit : Vous n'en vien-
drés pas à bout, il est réserué pour autre chose. Cinq ou six
moys après, estant malade, elle me dit qu'un Ordre manquoit à
l'Églize pour luy fournir de bons curez et pasteurs immédiatz et
que Dieu vous y appelloit, que vous y resistiés, mais enfin que Dieu
vous y employroit et fléchiroit vostre volonté. Ce fut plus de cinq
ou six ans deuant vostre acquiescement aux prières et sollicitations
de Monseig. le Card. de Joyeuse et de Monsr de Paris présentement
Card. de Raiz. L'autre qu'elle me déclara deux choses d'importance
qui concernoient ma conscience, qu'autre que Dieu et moy ne sça-
uoient alors et dont il advint un grand bien. La 3e qu'elle auoit
les stigmates inuisibles au monde et à elle visibles et très-sen-
sibles. J'en descris et prouve la manière en une lettre que i'ay
adressée sur ce subiect à Madame de Sourdis, respondant à une
sienne demande. C'est un secret que ie n'ay iamais de son viuant
communiqué à personne, pour ce que ie lui auois ainsi promis.
Aduisés moy, s'il vous plaît, si i'ay mesme fally de le réuéler après
sa mort. Vous sçaurez d'ailleurs les autres choses. On m'auoit dit
que M. de Magent (?) estoit vostre pénitent et très-intime. Sur ce ie
m'estois enhardi de vous recommander l'affaire S.-Michel et la
pension de mon frère ; si c'est chose que vous puissiés faire et com-
modément et secrètement, vous mériterés et nous obligerés, sinon
ie ne désire que vous incommodiés vostre sage retenue. Si mon
nepveu vous voit quelquefois, ne vous empeschez de luy, faites le
aller et venir librement comme chose qui vous est acquize ; un mot
d'aduis pour craindre et servir Dieu lui pourra seruir, car il est
docile et de bon naturel.

Si Monsr de Montholon s'accorde avec Made de Guize, Monsr le
Cardinal et vous, i'espérerai que l'on pourra couurir l'églize de
Roanne dans peu de moys. Je partirai samedi pour Vienne, Gre-
noble, Tournon, Valence, Auignon, Nîmes, Montpelier, Béziers,
Carcassonne, Narbonne et Toloze, séiournant un peu en chasque
lieu pour y prescher et fructifier selon la prière des Prélatz qui en
a esté faite à nos supérieurs. En mon absence on pourra adresser
au R. P. Louis Deserres, recteur du nouitiat, ou la somme, ou

7

la lettre de change des mille escuz qu'il plaira à Monsr de Montholon de dresser; ledit Père la fera après tenir où il faut. J'use et ne sçai si je n'abuse point de vostre grande charité, *sed charitas Christi urget nos.* En luy aussi je suis trop plus que ie ne le sçaurois exprimer, Monsieur et Révérend Père, vostre serviteur très-humble, très-obligé et très-affectionné,

PIERRE COTON, de la Comp. de Jésus.

A Lyon, le 8me d'aoust 1618.

C'est un grand mal que vous vous démettiés du soin desdits bénéfices, mais vous ne faites rien sans grandes raisons, les importunitez en sont causes possible; la mienne vous sera d'autant plus facilement accordée en grâce. Je vous ferai sçavoir les choses grandes que Dieu opère en Sœur Marie de Valence. *Oremus invicem de more.*

(Sans suscription. A M. de Bérulle.)

III.

Archives nationales, M. 234. — Autographe.

14 aoút 1620.

Monsieur,

Encore que ie n'aye peu faire plus tost response à la vostre dernière à cause des voyages que i'ay continué depuis Pasques, si est-ce que ie n'ay attendu iusques à présent de satisfaire à vostre iuste et très-important désir. Car i'ay escrit à Rome à Monseigneur le Cardinal de Sainte-Suzanne qui peut tout en cette affaire, et auquel Sa Sainteté défère grandement. J'ay adressé la lettre à Monsr Bertin et en son absence à M. Solfour, le priant de se ioindre auec M. de Sponde qui peut aussi auprès dudit seigneur Cardinal et de faire bien entendre toutes choses à Sa Seigneurie Illustrissime, ores que par la mienne les choses soyent articulées et déclarées par le menu. Se reuoyant souuent, ilz sçauront où en sera l'affaire, et s'il y faut une recharge, ie serai tousiours prest à la faire. La chose est de trop grande conséquence à la gloire de Dieu et ua bien de cet Ordre que i'appelle commmunément le triage des âmes d'élite. Au demeurant que deuient la vie de la Bienheureuse Marie de l'Incarnation? Elle a donné la santé miraculeuse à la bonne Mère Térèse, Prieure du couuent de Lyon, et une sienne croix que i'ay a fort tourmenté les démons icy à Nancy. Plaise à Dieu de donner gloire à ses œuvres et faire en toutes choses selon son bon plaisir.

Je·suis extraordinairement nécessiteux de prières, qui fait que j'ay recours aux vostres et des bonnes âmes de votre cognoissance. L'on m'envoye d'ici à Tolose, puis à Bordeaux, si l'iniure du temps s'y oppose. O combien heureux sont ceux qui sont en purgatoire. La vie m'est ennuieuse et je n'y subsiste volontiers que parce qu'il plaît ainsi à Dieu par lequel je suis, Monsieur, vostre serviteur très-humble et très-affectionné,

PIERRE COTON, de la Comp^ie de Jésus.

A Nancy où ie serai tout ce moys, le 14 d'aoust 1620. Je salue cordialement Madame, Monsr de Bérulle et la Mère Magdelaine de Saint-Joseph.

(Cette lettre, sans suscription, est certainement adressée à M. de Marillac.)

IV.

Archives nationales, M. 234. — Autographe.

17 mai 1621.

Monsieur,

J'accepte volontiers les occasions de vous saluer et de me ramenteuoir à vre charité. C'est présent le miracle aduenu en la personne d'un cons^er de ce parlement, lequel néantmoins n'exerce plus cette charge, homme de grande vertu et singulière piété; luy mesme l'a descrit et signé comme vous verrés. Auquel i'adjousterai deux choses qui me viennent en mémoire et peuuent seruir à la seconde impression de la Vie de nostre Bienheureuse. L'une est qu'ayant demeurée longtemps sans aucune déuotion à la Bienheureuse Térèse, et sentant en soy une certaine espèce d'auersion plustost qu'inclination enuers elle, un iour allant au petit Saint-Antoine ouïr la sainte messe, en l'entredeux qui est de la porte de la rue à celle de l'églize, elle apperceut tout à coup la grande gloire qu'elle possede au ciel et en quelle manière elle estoit unie à Jésus-Christ, et dez lors elle l'eust en grande estime, réuérence et déuotion; c'est chose que i'ay ouïe de sa propre bouche.

L'autre est que, me plaignant un iour auec elle de la nullité de tant d'actions et de l'éuaporation des bons désirs, qui semblent ne seruir qu'à l'applaudissement des ames paresseuses et relaschées, elle me dit que le remède de cela estoit d'actiuer l'intention de bien faire à chaque chose en particulier, et ne se point contenter de porter ses désirs à un amendement général ou à regretter en bloc les nonchalances passées. Parce que cela n'est souuent qu'une satisfaction

7.

de l'amour de nous mesmes, qui voulons bien auoir le contentement
de nous plaindre du passé et faire mieux à l'advenir, mais ne voulons
prendre la peine d'y remédier aux occurences. Or nostre vie, di-
soit-elle, est composée de particularités, lesquelles mises ensemble
font le tout. C'est pourquoy il faudroit colloquer sa déuotion à bien
faire chasque chose en particulier et commencer dez l'action mesme
en laquelle on se trouue, taschant de la faire selon le bon plaisir
de Dieu, et après celle-là une autre et puis une autre ainsi sub-
séqutiuement. Ce qui est aysé à ceux qui opèrent en la présence de
Dieu, et non seulement pour Dieu mais en Dieu et deuant Dieu.

J'adjousteray deux autres particularitez qui me viennent en souuenance. Discourant auec elle un iour de la difficulté qu'il y a de se
retirer des griffes du diable quand on y est une fois engagé, elle
me dit qu'il y en avoient peu de ceux là qui retournassent de tout leur
cœur à Dieu, et que quand l'Ennemy s'apperceuoit qu'ilz estoient
pour le faire, souuent il les faisoit mourir en suite du pouuoir qu'ilz
luy auoient donné sur leurs personnes, et me racompta d'un magi-
cien qui estoit venu vers elle pour se conseiller là dessus, lequel
au lieu de recourir à Dieu promptement par une entière contri-
tion comme elle le luy auoit conseillé, délibérant à part soy de ce
qu'il auroit à faire et se promenant par un iardin, le diable luy
tordit le col et le fist mourir tout à coup.

La quatriesme, est que remonstrant un iour à une personne ses
infirmitez et imperfections, cette personne aucunement ennuyée de
se recognoistre telle que disoit et luy faisoit voir cette Bienheureuse, luy respondit comme par forme de désespoir : *Qu'est-il
donc à faire?* A quoy elle répliqua doucement et fortement : Et
voilà où gist la vraye humilité et la différence qui est entre cette
vertu et la pusillanimité de ne se point descourager et amoindrir
ses fautes sous ombre de certaine impossibilité, ains dire : *C'est
maintenant que ie veus commencer. Il est vray, ce n'est que
misère de mon fait, mais Dieu plus est bon que je ne suis
meschante, plus puissant que ie ne suis foible, plus miséricor-
dieux que ie ne sçaurois estre misérable; c'est une grande
grâce qu'il me fait que ie me recognoisse tel que ie suis; c'est
le commencement de la miséricorde qu'il me veut faire, et un
signe éuident qu'il ne me veut pas perdre.* Response qui seruit
indiciblement à la susditte personne, ainsi que ie l'ay apprins d'elle-
mesme.

Vous sçauez, Monsieur, la ioye qu'elle tesmoigna quand elle me
veit hors de la cour, et comme particulièrement elle estimoit et en
certaine façon admiroit la manière auec laquelle Dieu m'en auoit

retiré, mais ce n'est pas chose qu'il faille diuulguer en ce temps. Plaise à nostre doux Seigneur et Sauueur que ses prières et mérites nous rendent selon son cœur. En luy ie demeure tousiours de Monsieur Du Val (qu'elle appelloit quelquefois le vray Israëlite), de Mère Magdelaine de Saint-Ioseph, de madame de Marillac et de vous, Monsieur, le serviteur très-humble, très-obéissant et très-affectionné.

Pierre Coton, de la Comp^{ie} de Jésus.

A Bordeaux, le 17 may 1621. Je n'ay sceu encore me résoudre de faire aucune exhortation aux monastères des Carmélites d'icy et ne le ferai tant qu'elles seront comme elles sont; le remède tarde beaucoup, et retarde des âmes qui aspirent à l'ordre.

(Sans suscription. A M. de Marillac.)

V.

Archives nationales, M, 234. — Autographe.

17 mai 1621.

PAX CHRISTI.

Monsieur et Reuerend Pere,

Ces deux lignes escrites à la haste sont pour vous saluer *de more in Christi Domini præcordiis*, vous adresser le pacquet cy-ioinct qui m'a esté tant recommandé, et vous supplier de faire exposer le Très-Saint-Sacrement aux Carmélites, et faire faire des déuotions extraordinaires pour le conseil du Roy. Car iamais la saison n'en fut plus nécessiteuse. I'ai receu la vostre auec les approbations d'une chose qui ne se peut reprouuer sans impieté : et y respondrai auec plus de loisir. *Quod superest* ne vous oubliés de celui qui ne vous perd de veüe et qui est de Votre Révérence,

Le serviteur très-humble, très-obligé
et très-affectionné *in corde Domini*.

Pierre Coton.

A Bordeaux, le 17 may 1621.

(Au dos : *A monsieur le Révérend Père M. de Bérulle, Supérieur de l'Oratoire de Jésus, à Paris.*)

VI.

Archives nationales, M. 234. — Autographe.

14 août 1621.

PAX CHRISTI.

Monsieur et Réuérend Père,

Il me tarde en l'intérieur de l'ame de signer l'approbation du sa-
crifice que i'ay fait auec vous au doux Jésus et à sa très-sainte
Mère. Mandés moy donc au plus tost vne copie de celles que vous
aués, pour en tirer ce qu'il y aura de plus fort et de meilleur, comme
aussi l'esclaircissement de ce que respondit le très-illustre Bellarmin.
M. Moysset part demain pour Rome, ie ne crois pas que ce soit
pour ce que vous sçaués, mais bien croi-ie qu'il secondera les autres
qui sont sur les lieux. Xaintes, Bourges et le grand (si grand se
doit dire ce qui est peu de chose) monastère de Bordeaux seuls con-
tinueront (?). Le petit et Limoges se rangeront et ien suis presque
asseuré. Je vais escrire à Mère Isabelle de Jésus-Christ, et verrai
sa response. C'est le plus fort esprit et difficile à vaincre de tous.

Ce n'est ni possession, ni obsession, ains inhabitation comme forme
non informant, mais agissant en la personne, et cet esprit parle
presque tousiours. La prière, retour à Dieu de celui qui luy parle,
et le commandement d'obmutescence (forgeons ce mot extraordinaire en matière extraordinaire), le font taire et se cacher. Comme
la partie supérieure en Jésus-Christ n'auoit aucune part aux passions
de l'inférieure, ainsi sans comparaison l'esprit informant n'en a
point auec l'enuahissant, ains à sa demeure en Dieu espurée et
sequestrée des créatures en une manière sublime. C'est le iuge-
ment que vous requerés de moy par la vostre. Le Cardinal Saint-
Suzanne et le Cardinal Bellarmin peuuent tout enuers Sa Sainteté.
J'en attends des nouuelles. Priés *de more præter morem,* pour

Le tout vostre en nostre tout,

PIERRE COTON.

A Bordeaux, la 3ᵐᵉ feste de Pasques 1621.

(Au dos : *A Monsieur et Révérend Père le P. de Bérulle,
Supérieur général de l'Oratoire, à Paris.*)

VII.

Archives nationales, M. 234. — Autographe.

1er février 1622.

Monsieur,

La paix, suauité et bénédiction de N.-S. soit auec vous et tout ce qui vous apartient.

La penultiesme de celles qu'il vous a pleu m'escrire m'oblige à vous dire que pour traduire en latin la vie de la Bienheureuse Marie de l'Incarnation, ie ne vois rien de plus aysé que d'y employer quelqu'un de ceux qui font la 3me année de probation au nouitiat. Ce sont ordinairement Pères qui ont acheué leurs études et qui se receuillent deuant qu'estre exposés aux fonctions publiques de nostre Compagnie, et nous appellons cela la 3me année de nouitiat, pendant laquelle ils ne s'employent qu'en œuvres purement spirituelles. Le R. P. Ignace Armand, ou en son absence le R. P. Recteur dudit nouitiat, vous accordera volontiers une si iuste demande.

Quant à la version italienne, le P. Antonio Antoniotti la fera facilement en estant prié, après qu'il aura acheué ce qu'il a présentement par les mains ; c'est luy qui a traduit l'introduction de Monsr de Genèue, et ie luy en escrirai par advance, afin que l'un de nos procureurs députez pour la Congrégation qui se tiendra à Rome en nouembre luy puisse porter l'exemplaire françois au commenct d'octobre ou à la my-septembre qui est le temps de ceux de la prouince de France. Entre cy et là, la dernière et plus correcte impression françoise sera bien acheuée.

Mais pourquoy est-ce que l'on n'en priera le R. P. Binet, venant a estre deschargé de sa prépositure comme il le sera bientost? Il possède parfaittement les deux langues et a tousiours eu une singulière déuotion envers la Bienheureuse. Je serai bien deceu en mon opinion s'il vous en refuse. Le miracle éuident dont il vous a pleu m'enuoyer le narré ne manquera d'y trouuer place : A quoy j'adiousterai qu'un démon faisant difficulté d'obéir à l'exorciste et moy présentant à baiser à la possédée une croix que la Bienheureuse me donna quand elle se feit Religieuse, et luy disant en moi mèsme : Par l'amour que Dieu porte à celle de qui ie tiens cette croix, obéis; il respondit : J'ayme mieux obéir, et se prosterna en terre rendant l'obéissance qu'on exigeoit de luy. Peu après, ayant rompu par surprise ladite croix, on luy commanda de la remettre en son entier, ce qu'il feit.

Touchant le subiet de la dernière en date du 10 janvier, l'endurcissement est prodigieux, car il croist tous les jours, et les parentz des réfractaires ont obtenu récemment un arrest de ce Parlement portant inhibition au Lieutenant général de Xaintes (qui va estre premier président à Pau) de s'entremettre en l'affaire des Carmélites. Celles de la rébellion sont dans le petit monastère à Bordeaux, les autres sont au grand, en nombre de douze, sous la conduite de Mère Marie de Jésus-Christ, et il faut attendre le premier ou second ordinaire pour voir la fin de tout. J'assiste de confesseurs et médiateurs les filles d'obéissance et tout le surplus de l'Ordre d'une particulière souuenance deuant Dieu, selon l'affection et l'obligation que ie leur ai.

Quant à la demande pour les festes de Pentecoste et l'Octaue de l'inneffable Sacrement, je n'y puis entendre en façon quelconque tant parce que ie n'ay aucune volonté mienne et ne m'est iamais aduenu de disposer de moy depuis 39 ans par la grace de Dieu, comme parce que la charge passée de Recteur et la présente que l'on m'a imposée de la province ne peuuent permettre que ie m'absente. Et encore ne sçai-ie comme ie pourrai faire pour Rennes où ie suis engagé pour l'Advent et le Caresme suyuant. *Ut ut sit;* et quelque part que i'aille ie serai tousiours aussi désireux de vos prières et de celles de Mère Magdelaine de Saint-Joseph que ie suis de cœur et d'âme, Monsieur, vostre serviteur très-humble et très-affectionné en N.-S.

PIERRE COTON.

A Bordeaux, le 1er iour de feburier 1622.

Je salue M. du Val, madame la marquize de Ménelay et Madame de Sainte-Beuue et vostre chère partie.

(Sans suscription. A M. de Marillac.)

VIII.

Archives nationales, M. 234. — Copie.

26 mars 1622

, Monsieur,

L'affaire des Mères Carmélites est un orage que quelque archidémon a excité en vengeance des victoires que tant de bones âmes ont rapportées sur lui et contre l'enfer. Car pour vray il y a plus que de l'ordinaire, *in genere tentationum ita ut in errorem inducantur etiam si fieri possit electi*, et l'illusion est si forte quelle fait faction soudain qu'elle s'est emparée d'un esprit, et faction presque irremédiable qui est un signe éuident de l'opération du malin. *Non enim in turbine aut commotione Dominus*, et quand on veut ramener les esprits seulement a moderation ou indifference, on est suspect et si dire se peut mal voulu. Guelfes et Gibelins, Ligueurs et Royalistes, Scruinistes et Jesuistes, Richéristes et Duvalistes, Bérulistes et Clémentinistes, sont lignes paralelles mises en antithèse. Jay fait ce que iay peu a Bordeaux et mon predecesseur en toute la prouince a l'endroit de ceux que vous me marquez en celle qu'il vous a pleu mescrire le 6ᵉ du courant, et ce auec plus de danger de rupture que d'amendement; tout ce que iay peu faire a esté d'empescher que lon ne mordit a la pome de discorde que Sathan iettoit entre nous, ce que ie nay peu obtenir qu'en disant quil falloit obeir a nostre Saint-Père sans descendre a l'hypothese, soit des premiers briefs, soit du dernier obtenu par Mgr. le Cardinal de Sourdis. Je n'ai pas laissé de faire mieu la ou iay peu et notamment auec Monsieur le nonce quil a fallu esclaircir des points suiuants :

1° Quel si grand interest a Monsieur de Bérulle au gouuernement des Carmélites.

2° Pourquoy il la recherché auec tant de souplesse au commencement puis auec tant de force.

3° Comment il se pourroit faire quil fust général de l'Oratoire et général des Carmelites et se peust bien acquitter des deux charges, l'une desquelles requiert un homme tout entier.

4° Quil seroit tousiours en visite quand il ne feroit autre chose que de visiter et ordoner ce quil faut une fois l'année en chaque monastère, veu le nombre des maisons.

5° Que quand il y pourroit fournir à cause de sa grande capacité, les autres quy luy succederont ne le pourront pas, et sil est question d'enuoyer des substituts, autant en pourroit faire ou l'Ordinaire ou le général des Carmes.

6° Quil sembloit que son esprit estoit particulier et différend de celuy de la Mère Terèse, et la dessus alleguoit non les vœux mais les deuotions escrittes à la main.

7° Que la Bienheureuse Sœur Marie de l'Incarnation n'auoit approuué sa conduitte ny son esprit pendant quelle viuoit, et que si elle s'est retractée auant mourir, cela n'appert pas.

8° Que M. Marillac luy mesme, et M. du Val et M. Galemand, n'auoient approuué sa procédure.

9° Quil auoit contreuenu aux statuts de l'Ordre touchant l'entrée, hors la nécessité de maladie, et passé la nuict dans le monastère.

10° Qu'il auoit establi des supérieures et prieures de son authorité.

11° Que plusieurs souffroient et portoient auec peine sa superiorité et n'en osoient rien dire à cause que les superieures estoient et de sa facture et de sa faction, et que sentant cela il na iamais osé faire cueillir les voix et faire signer en corps de chapitre les maisons de son obéissance, qui estoit neantmoins la plus forte pièce qu'on eust sceu produire pour luy en Cour de Rome.

12° Finalement qu'on na iamais veu home porté de l'esprit de Dieu et vrayment humble se vouloir establir superieur, ou l'estant prendre peine de s'y maintenir, ains on a tousiours veu que les Saints n'ont accepté les superioritez que par force d'obeissance ou autrement, et tousiours ont accepté les occasions de s'en demettre.

M. le nonce ne me proposa pas toutes ces obiections, ains seulement les quatre ou cinq premieres, mais a diuerses autres rencontres il ma fallu satisfaire aux unes et aux autres. Ce que ie puis dire auoir fait, par la grace de Dieu, puissamment et auec persuasion, notamment enuers mondit seigneur le Nonce, ce qui estoit lors bien necessaire. Je mettrois icy les reponses, mais vous les sauez comme moy, ie nose dire mieux que par moy, car la singulière charité qui est entre ce grand seruiteur de Dieu et moy ma rendu fort intelligent et eloquent en ce qui le touche, de telle sorte que pour tout vray, ce que ie ne fais pas pour luy en une si sainte cause, c'est ce que ie ne peus faire. Je vous remercie du liure des *Energumènes*, et sil est à Paris, ie le salue cordialement auec Mère Magdelaine de Saint-Joseph et Sœur Catherine de Bordeaux. La charge que iay me donera plus de moyen en ces affaires, mais ie vous suplie de ne rien dire a mon dit seigneur le nonce de ce que dessus, autrement il se tiendroit offensé que ieusse réuoqué en quelque doute la bonne opinion qu'il a de Monsr de Bérulle.

On ma fait de grands reproches de Rome d'une lettres que ie vous escriuis, et que Monsr Bertin a fait voir originellement a Monsr le cardinal de Sourdis, ou sont ces termes que M. le cardinal de Sourdis vouloit auoir plus de puissance a Bordeaux que le Pape, mais qu'enfin les efforts de Sathan ne preuauderoient pas contre la pieté et justice de cette cause. M. Bertin se fust bien passé de monstrer cette lettre signée et escritte de ma main que ie vous auois addressée. Vray est que si elle sert à la gloire de Dieu et au bien de ses seruiteurs et seruantes, i'en suis bien ayse et demeure tousiours,

Monsieur,

Vostre seruiteur très-humble
et très-affectionné.

PIERRE COTON.

D'Agen, le 26 mars 1622.

Je suis d'aduis que vous escriuiez à Rome a notre Pere et au Pere assistant, enuoyant coppie de ce que vous auez peu escrit de nos Peres qui se sont meslez en cette affaire contre le debuoir et l'obéissance, sans dire que iaye doné ce conseil.

(Sans suscription. Probablement à M. de Marillac.)

IX.

Archives nationales, M. 234. — Copie.

27 juillet 1622.

Monsieur,

Horrida tempestas cœlum contraxit et imbres, contre nos pauures Religieuses que l'on a de nouueau déclarées excomuniées. M. le marquis d'Alluys vous en dira toutes les particularités, et a quoy il tint que tout ne fust doucement accommodé. Il est necessaire que les prisonnières de Jesus soient promptement aduerties de ce quelles ont a faire. Car il ne reste que dix-sept jours après lesquels les autres seront introduittes et elles renuoyées. Plaise a celuy qui fait, *cum tentatione prouentum* d'en retirer sa plus grande gloire. Vous scauez come je suis en luy, de M. de Berulle, de Mere Magdelaine de Saint-Joseph et de vous,

Monsieur,

Le seruiteur très-humble
et très-affectionné.

PIERRE COTON.

A Bordeaux, le 27 de juillet 1622.

(Sans suscription.)

X.

Archives nationales, M. 234. — Copie.

Sans date, 1622.

PAX CHRISTI.

Monsieur et Reuerend Pere,

Vous scauez qu'il ny a chose en ma puissance que ie ne fasse pour vous, car faisant pour vous ie fais pour celuy et celle a qui vous appartenez si estroittement, que je n'en peus assez priser la deuotion, mais dautant que les tesmoignages si-ioints disent que Sa Sainteté et le Cardinal Bellarmin le reprouuent, ie vous supplie de me dire que cest, scais-ie bien que ce ne peut estre que l'obligation du vœu et non la substance de l'oblation, quoy qu'on die encor plus, et M. Du Val semble estre de cet aduis. Je desirerois aussy de voir la forme d'approbation de ces MM. les Prélats mentionnez en vostre dernière que ie receus hier. Le tout *ut bene bona fiant.* Quant a la personne ie lay veu le iour Saint-Joseph, et me reserue d'en escrire plus amplement une autre fois. Ce que ie vous escriuis *de horrendo illo statu.* Cest moy qui fus en cette peine une heure ou deux, car si Nostre Seigneur eust voulu me faire comprendre que cestoit, et certes je le redis encor, cest chose si espouuantable, que hors de l'estat mesme la chose est incomprehensible et inimaginable. O que nostre Dieu est admirable et tousiours tres-aymable ! En luy je suis,

Monsieur et Reuerend Pere,

Votre scruiteur tres-humble tres-obligé
et tres-affectionné.

PIERRE COTON.

(Sans suscription. Certainement à M. de Bérulle.)

XI.

Archives nationales, M. 234. — Copie.

2 janvier 1623.

(Le commencement manque.)

Apres tout il plaira a Vostre Reuerence de ne faire aucun semblant quelle aye esté advertie ny de moy ny d'aucun de Nantes, tant parce que cela ne seruiroit de rien a l'affaire, come a cause du

danger euident et imminent que lon ne feit tort aux personnes sur
lesquelles on auroit coniecture de rapport, car la rage de cette
passion seroit pour porter iusques la. Je scay quelle a *prudentiam
sicut Angelus Dei,* et cela suffit.

On me veut faire croire que quelques uns des nostres a Bourges
ont secondé Mere Isabeau et Madame de Rhodes en cette derniere
rebellion contre le Bref de Sa Sainteté. Je ne le crois pas, car il est
trop exprès et porte excommunication. Jen escris toutefois au
R. P. Ignace prouincial affin que si cela est, du moings il les fasse
taire, comme iay fait a Bordeaux, ny pouuant autre chose sans
venir a de grandes extrémitez.

A Dieu, mon Reuerend Pere, et priez selon vostre grande charité
pour celuy qui est tousiours de Vostre Reuerence,

Le seruiteur très-humble et très-affectionné
en Nostre Seigneur.

Pierre Coton.

A Nantes, le 2 de l'année 1623 que Nostre Seigneur vous doint
plantureuse en sa grace. Jay trouué icy l'œuvre du malin qui
comence comme en celle que vous scauez; notre bon Dieu sera
le maistre.

(Sans suscription. A M. de Bérulle.)

XII.

Archives nationales, M. 234. — Copie.

12 août 1623.

PAX CHRISTI.

Mon Reuerend Pere,

L'inconuertibilité des âmes rebelles monstre l'impression du malin et en exprime la felonie, et ce qui est espouuentable *attingit ce-
dros Libani,* gens d'ailleurs fort spirituels, et en cecy totalement
indociles et si peu mortifiez qu'ils bondissent quand on parle seulement de les ramener. Hors l'heresie je nay rien veu de sembla-
ble en acariastrize; or mon Révérend et très cher Père, *charitas
omnia suffert, omnia sustinet et præstabilis est super iniquitate;*
ne permettons donc pas quelle se perde pour cela. On escrit que...
(manque dans la copie des Archives) qui me fait supplier Votre Révérence *in visceribus Christi* devoir sil est ainsy, et y remedier selon
sa grande prudence. C'est à cette heure quil faudroit rendre plus
de tesmoignages a la charité et faire voir que les bons anges sac-

cordent en la thèse, iaçoit que quelquefois ils disputent en l'hypothese. Cette nestant pour autre, je la supplie de se souuenir deuant nostre commun Seigneur de celuy qui l'honore de tout son cœur, prie pour elle six fois le jour et demeure

Son seruiteur très-humble et très-affectionné
in communi Domino,

Pierre Coton.

A Limoges, où l'on se seroit rendu, ce dit-on, si la bulle eust esté intimée, le 12 d'aoust 1623.

(Sans suscription. Au P. de Bérulle.)

XIII.

Archives nationales, M. 284. — Copie.

Décembre 1623.

Monsieur,

Le silence rompt les amitiez selon Aristote, mais non pas selon Jésus-Christ quand il en est le ciment. Aussy ne me veux-ie excuser du longtemps que ie nay escrit ny a M. de Berulle, ny a la Reuerende Mere Magdeleine, ny à vous, ny à plusieurs autres desquels neanmoings ie ne perd la veue deuant Dieu. Ce mot est pour m'esiouyr auec vous et tout l'Ordre des Carmelites du Bref apostolique conclusif de l'affaire qui a tant agité les esprits, et pour me condouloir de ne ie scay quelle pretendue paix qui afflige grandement tous les bons, priant la dessus pour le public. Souuenez vous en particulier de celuy qui vous honore grandement et demeure tousiours,

Monsieur,

Votre seruiteur tres-humble et tres-affectionné
en Nostre Seigneur,

Pierre Coton.

De Rennes, le jour de la Conception Immaculée Notre Dame. Il y a icy un des beaux et attentifs auditoires de France. Plaise à Dieu que iy serue a sa gloire.

Le porteur est un bon prestre et fort honnete nomé François Laurens, qui desireroit de pouuoir seruir aux Carmelites et estudier un peu.

(Sans suscription. Probablement à M. de Marillac.)

XIV.

Archives nationales, M. 234,. — Copie.

24 mai 1624.

PAX CHRISTI.

Monsieur et Reuerend Père,

J'ay conseillé a vos Peres qui sont icy de s'y establir scachant
que vous y serez les bienuenus, et que tout se change en mieux,
come ils le vous declareront.

L'intention du fondateur sera accomplie, et nous aurons des con-
frères qui nous ayderont a seruir notre commun Seigneur et sup-
pleeront a notre defaut. Si j'auois plus de loisir, i'en escrirois
dauantage, ce mest assez presentement de vous saluer a cette occasion de (mot illisible) et vous rememorer celuy qui est autant
nécessiteux de vos prières quil est de Votre Reverence

Le serviteur tres humble et tres affectioné
in communi Domino,

PIERRE COTON.

A Limoges, le 24 de may 1624.
Je salue particulierement Messieurs de Fontaines et Edmond.
(Sans suscription. Au P. de Bérulle.)

XV.

Archives nationales, M. 234. — Autographe.

23 juin 1624.

PAX CHRISTI.

Mon Reuerend Pere,

*Viuit Dominus et viuit anima tua quia uno tantum, ut ita di-
cam, gradu; ego morsque diuidimur :* a quoy faire donc uzer de
remerciements entre nous qui deuons toutes choses l'un à l'autre,
puisqu'il plait ainsi à l'Auteur de vraye charité et qui est la charité
mesme? Je verrai en qui l'on se peut confier, estant vraye la remarque que V. R. a faitte. Le P. Jaques Lespaulard, recteur de
ce college, va bien maintenant, mais il me semble qu'il suit un
peu le temps. Le P. Michel Camain est fort asseuré, mais il est
absent. A son retour, les bonnes Mères pourront prendre leur
confiance en luy. Présent je n'en spécifierai point d'autres afin d'y
mieux penser.

Le S. Smith qui fut a Rome contre V. R. et les bons monastères est deuenu insensé et se promena hier longtemps tout nud dans notre sale apres sestre laué d'eaue béniste se disant Pape et se voulant faire adorer; nous eusmes de la peine à le faire sortir du college. Despuis il est aucunement reuenu a soy, mais il n'est entierement guéri. Il auoit fait auparaüant sa confession generale au P. Charles, mais ie doute s'il estoit de sens rassis. Il faut prier Dieu pour luy, et pour ceux qui ont exercé les seruiteurs et scruantes de Dieu.

Les refractaires du petit monastère ont esté sur le point de se desguizer et s'en aller en certain prioré qui est au diocèse d'Acqs. Monsr le Cardinal, qui l'a dit à Monsr le premier président, les a menacées de prison et de les faire suiure dans les landes, ce qui les a un peu arrestées, *sed nondum statim finis.* Plaise à notre bon Dieu leur faire miséricorde. Après l'hérésie, je ne veis iamais un tel aueuglement.

Je dois faire une solemnelle dispute a Pau auec M. Charles ministre d'Orthiez que l'on tient habile homme, et quasi toute la noblesse du païs en attend l'yssue pour se catholizer, qui me fait vous supplier tres instamment d'appliquer quelques messes à cette fin et de m'obtenir quelques communions générales des deux monastères de vostre obéissance à Paris, *tanquam pro re magni momenti ad Dei gloriam,* sans spécifier autre chose, sinon que cela aussi me regarde.

Quelques uns ont proposé de m'envoyer en Angleterre pour confesseur et predicateur de Madame si elle espouze le prince de Gales. *Et hoc etiam valde commendandum est Deo. Ut ut sit,* i'espère de reuoir V. R. en peu de moys et *tunc os ad os loquemur.* Les Rochelois nous feirent de grandes et extraordinaires caresses ces iours passez, mais non auec tant de charité que M. Cachan et vos bons Pères auec lesquelz ie logeai, dont ie rendiz aussi humble action de graces. Je clorrai la présente par une trés affectueuse recommandation que ie vous fais de vostre santé corporelle et de la mienne spirituelle, comme estant de cœur et d'ame,

Mon Reuerend Père,

Le tout vostre en nostre tout

PIERRE COTON.

A Bord^x, le 23 de iuin 1624. Je salüe cordialement Monsr de Fontaine et Monsr de Marillac et le bon Edmond.

Au dos : *A mon Reuerend Père le Père Pierre de Berule, général de l'Oratoire de Jésus, à Paris.*

XVI.

Archives nationales, M. 234. — Copie.

17 septembre 1624.

PAX CHRISTI.

Monsieur et Reuerend Pere en Nostre Seigneur.

Ce peu de parolles emanées d'un cœur affectueux sont pour vous saluer cordialement en Nostre Seigneur ; pour vous supplier d'auoir mémoire de moy ou plustost des desirs du doux Jesus en moy, quand vous serez notamment ès endroits *ubi steterunt pedes eius,* et pour vous prier en 3ᵉ lieu de voir le P. assistant et nostre R. P. général et leur faire entendre le desplaisir que vous sentez quand faute de s'entendre il y a de la diuision entre nostre Compagnie et vostre Congregation sans oublier de nomer ceux qui sont ou autheurs ou fauteurs de la rebellion entre les Carmélites, et qui continuent encore nonobstant la détermination du Saint Siége tant de fois réiterée.

J'espère qu'a vostre retour nous nous trouuerons et reuerrons a Paris. A Dieu en Dieu, mon tres cher et tres honoré Père, et priez pour le tout vostre en nostre tout.

PIERRE COTON.

D'Agen, le 17 septembre 1624.

Si Vostre Reuerence voit le P. Jean-Baptiste Cicotti au college, elle verra un Saint. Je desirerois que mes oraisons ressemblassent a ses distractions.

(Sans suscription. Au P. de Bérulle.)

XVII.

Archives nationales, M. 234. — Copie.

27 novembre 1624.

Monsieur et Reuerend Père,

La paix du doux Jesus vous soit pour très humble salut.

Je suis bien ayse que vous soyez a Rome, mais ie crains que l'air ne vous y soit contraire. Conseruez donc au nom de Dieu vostre santé, et n'oubliez *in loco sanctorum* celuy qui ne vous perd de veue *coram communi Domino.*

8

Les Carmélites pseudo Religieuses et vrayement thelemites partirent hier de Bordeaux, et après auoir longtemps chancelé de quel costé elles tourneroient la teste se sont résolues d'aller en Flandre. Il en est mort deux et deux sont demeurées reste pour rebelles ; Dieu les veuille raviser.

M^r le Cardinal sy est enfin bien comporté comme M. Le Doyen de Nantes vous aura peu escrire. Le P. Niquel n'est plus recteur du college de Bourges et le P. Rabardeau a esté transféré ailleurs, et suis asseuré qu'il n'y a chose que nostre R. P. général ne fasse pour vostre satisfaction. Voyez le ie vous supplie et le P. assistant, il n'y a rien qui ne se doiue faire pour maintenir la paix et la charité, qualitez qui nous sont connaturelles et surnaturelles.

On tient que le mariage d'Angleterre est arresté sans aucune ligue contre le Roy d'Espagne. Plaise au grand Dieu par les merites de son cher Fils nostre frere et Sauueur, ordonner de tout à sa plus grande gloire, nous rendre selon son cœur et conseruer Vostre Reuerence, de qui ie suis, Monsieur, le seruiteur très humble et très affectionné,

PIERRE COTON.

A Bordeaux, le 27 nouembre 1624.

Auec vostre permission je fais la reuerence à Mgr l'ambassadeur et salue le P. Bertin.

(Sans suscription. Au P. de Pérulle.)

N° III.

L'auteur des *Notes historiques* ayant jugé utile d'insinuer plusieurs fois que les supérieurs français favorisaient l'introduction du jansénisme dans le Carmel, il m'a paru équitable de faire connaître la lettre suivante, adressée à tout l'Ordre des Carmélites en France par un de leurs supérieurs, le R. P. Gibieuf de l'Oratoire, le même dont il est si souvent parlé dans la Vie du P. de Bérulle (*le Père de Bérulle et l'Oratoire de Jésus*, ch. v, ch. vii, et *passim*).

Je publie cette lettre d'après une copie d'une écriture très-ancienne, conservée aux archives du monastère de Poitiers.

8 juillet 1648.

JESUS MARIA.

Mes Sœurs, la grâce de Jésus-Christ Notre-Seigneur soit avec vous pour jamais.

Il y a assez longtemps que dans nos assemblées pour les affaires de l'Ordre, MM. Charton, Coqueret et moi, nous avions jugé à propos de vous défendre la lecture des livres qui traitent des matières contentieuses du temps, savoir : de la pénitence et de la fréquente communion, de la grâce et de la prédestination; estimant que non-seulement cette lecture vous seroit inutile, mais même vous pourroit porter un préjudice notable. Néanmoins, espérant que le temps assoupiroit ces controverses, j'ai différé de vous en donner avis, craignant d'ouvrir vos esprits sur des sujets desquels vous n'aviez nulle connoissance. Mais maintenant que je vois que ces disputes sont plus échauffées que jamais et que le parti de ceux qui se vantent d'avoir saint Augustin et la vérité pour eux, en la matière de la grâce (combien que je n'en tombe point d'accord en plusieurs points), grossit à vue d'œil tous les jours, il est nécessaire de vous prévenir contre les dangers que portent leurs livres et leurs entretiens.

J'ai donc à vous dire que ces gens se piquent de la pureté de l'Évangile, de la sainteté des premiers siècles de l'Église et de zèle pour la doctrine de saint Augustin : et toutefois ils sont fort éloignés de l'humble disposition d'esprit qui a rendu ce saint

8.

éminent entre les docteurs de l'Église par la clarté et solidité de ses lumières ; car saint Augustin a soumis toute sa doctrine à l'Église et au chef de l'Église : et ces Messieurs voyant un de leurs livres censuré par le Pape, non-seulement ne s'y sont pas soumis, avec la révérence que cela se doit, mais ont eu la hardiesse d'écrire contre sa censure, quelques remontrances que quelques-uns de leurs amis leur aient pu faire, lesquels aussi s'en sont séparés ensuite de ce témoignage manifeste de présomption d'esprit. Ils se vantent de faire profession de la pureté de l'Évangile, et ils ne voient pas que tout leur fait s'en va en parade et à un extérieur spécieux qui n'est bon qu'à les tromper eux-mêmes.

Le premier document du Fils de Dieu est de renoncer à soi-même, ce qui emporte une docilité et soumission d'esprit comme d'un enfant, dans les choses que l'Église nous propose de la part de Dieu ; ce qui a fait dire à saint Paul que la charité ou grâce chrétienne croit tout, *charitas omnia credit.* Or ces gens-là ne s'étudient nullement à mettre leurs disciples dans la défiance de leur propre sens ; tout leur soin est de les rendre savants et les styler à la dispute, sans que j'aie remarqué parmi eux (combien que j'y aie pris garde à loisir) qu'ils les instituent et les forment dans l'abnégation intérieure, qui néanmoins est le premier point et le fondement de l'école de Jésus-Christ. Et en cela ils semblent avoir pratiqué la même chose que les hérétiques, qui d'abord mirent l'Écriture sainte entre les mains des femmes et des gens non lettrés pour les rendre juges des controverses et leur donner l'autorité et la hardiesse d'opposer leurs faibles lumières aux jugement et décisions de l'Église. Ceux-ci ont fait à peu près la même chose, car ils ont mis en françois les livres de saint Augustin et de quelques autres Pères, sur les matières les plus relevées de la théologie, afin que chacun, jusques aux femmes, en puissent parler. On dit que quelques-uns d'eux renoncent à leurs biens, dont jusqu'à présent je n'ai eu aucune preuve péremptoire ; mais si cela est, en récompense de la pauvreté à laquelle ils se condamnent volontairement, ils se rendent abondants en leur sens même au préjudice de l'Église et du Saint-Siége.

Vous ne lirez donc point leurs livres ni leurs apologies, qui sont remplies de disputes et d'altercations, ni les livres des Pères qu'ils ont traduits en notre langue, d'autant que ce sont matières qui vous surpassent.

J'ajoute à cette défense leur catéchisme ou théologie familière, leurs livrets de dévotion, leurs lettres, la vie de saint Bernard avec leurs réflexions, etc., car tout cela est marqué à leur marque et

insinue insensiblement à ceux qui les lisent sans dessein, la singu-
larité de leur esprit et le mépris qu'ils ont pour l'Église présente.
Et pour ce qui est des auteurs qui ont pris à tâche de les combattre,
il n'est pas non plus à propos que vous les lisiez. Ces différends
sont entièrement éloignés de la vie d'oraison à laquelle Notre-
Seigneur vous a appelées.

Continuez à faire comme auparavant, et si aucuns en entament
les discours, faites-leur savoir qu'il ne vous est pas permis d'y
entendre.

Cette lettre n'est que pour vous et pour votre utilité, et vous
n'en ferez part à qui que ce soit du dehors.

Je supplie Jésus-Christ Notre-Seigneur, qui est le docteur de
justice que le Père éternel nous a envoyé du Ciel pour enseigner
les cœurs, vous avancer de jour en jour dans l'humilité et la docilité
d'esprit, et dans les autres vertus nécessaires à ceux qui ont l'honneur d'être de ses disciples, et demeure pour jamais en lui et en
sa Sainte Mère,

Mes Sœurs,
Votre très-humble et très-affectionné
à vous servir selon Dieu.

GIBIEUF.

De Paris, ce 8 juillet 1648.

Nº I V.

BREFS DU SAINT-SIÉGE.

La Révérende Mère Élisabeth de la Croix ayant, par sa lettre du 7 août 1868, donné à tout l'Ordre du Carmel connaissance du Bref en vertu duquel les Religieuses du monastère de Meaux qui y font des vœux simples, jouissent de tous les priviléges attachés aux vœux solennels, je pense qu'il est utile de donner ici au lecteur les pièces suivantes :

1º Les réponses de la Sacrée Pénitencerie, à Mgr Bouvier, évêque du Mans. On y verra comment les Religieuses de France qui ne font que des vœux simples, jouissent des mêmes priviléges que les Religieuses de leur Ordre qui font ailleurs des vœux solennels ; comment en outre, pour que les Religieuses jouissent de ces priviléges, il suffit que leur monastère ait été érigé par l'autorité de l'Ordinaire. Ceci se passait en 1836 et 1841, c'est-à-dire *trente-deux ans et vingt-sept ans avant les circulaires de la Révérende Mère Élisabeth de la Croix.*

2º Le Bref accordé au monastère de Blois, le 11 janvier 1861, lequel confirme la réponse de la Sacrée Pénitencerie. Ce Bref, adressé à un couvent dont la fidélité à la Congrégation de France ne s'est jamais démentie, lui octroya toutes les grâces et priviléges que la Révérende Mère Prieure de Meaux affirme être exclusivement réservés à la Congrégation de Saint-Élie, et cela *sept ans avant le Bref de Meaux.*

3º Le Bref de Meaux, afin que le lecteur puisse en comparer les termes avec ceux du Bref de Blois et avec les commentaires de M. Gramidon.

4º Enfin, le Bref de notre Saint-Père le Pape Pie IX, en date du 23 mars 1869, dont les termes sont absolument conformes à ceux du Bref de Meaux et du Bref de Blois, et qui accorde à tous les monastères de Carmélites de France les mêmes grâces et priviléges que ceux contenus dans le Bref de Blois et dans celui de Meaux.

Le lecteur, après cette lecture comparée, se demandera avec plus d'étonnement encore, sans doute, les motifs de la déplorable agitation dont j'ai dû l'entretenir brièvement, et il comprendra moins encore comment M. Gramidon a pu écrire cette phrase : «Les conditions dans lesquelles vit actuellement le Carmel français ne lui permettent pas de prétendre avoir droit aux priviléges

» accordés à l'Ordre par les Souverains Pontifes. » (Chap. xi, p. 217.)
Il est vrai qu'à la page suivante M. Gramidon est bien obligé d'a-
vouer que le Saint-Siége a accordé à ce même Carmel de France
de précieux priviléges. Mais, en note, il a soin d'ajouter que le
Saint-Siége, avant d'accorder au Carmel de Meaux ces priviléges
(qui, on le verra, lui sont communs avec tout le Carmel de France),
lui a *imposé de s'unir à l'Ordre en prenant les Constitutions,
le cérémonial et le Manuel de la Congrégation de Saint-Élie*
(p. 218, note).

I.

En l'année 1836, Mgr Bouvier, évêque du Mans, exposa au
Saint-Père que : « Comme d'après plusieurs décisions, les vœux
» des Religieuses de France sont regardés comme simples par le
» Saint-Siége, cela donne naissance à plusieurs doutes. Il deman-
» dait donc si néanmoins les priviléges concédés aux réguliers, et
» par exemple les indulgences, persistent pour les Religieuses de
» France? » La Sacrée Pénitencerie ayant soigneusement examiné
les doutes proposés, et en ayant fait la relation à Sa Sainteté Grégoire XVI, répondit : « Les Sœurs des monastères de France
» peuvent gagner toutes les indulgences qui ont été accordées à
» l'Ordre ou à l'institut dont les Religieuses font ailleurs des vœux
» solennels, selon leur Ordre ou institut respectif ; et cela en vertu
» d'un indult de Pie VII, de nouveau confirmé par Sa Sainteté Gré-
» goire XVI. Donné à Rome, en la Sacrée Pénitencerie, le 2 juillet
» 1836. »

Deux ans après, Mgr Bouvier insista, alléguant qu' « en France,
» il y a des monastères qui, quoique appartenant à des Ordres
» approuvés par le Saint-Siége, et par exemple celui des Carmélites,
» n'ont été érigés de fait que par l'autorité des évêques, sans aucune
» confirmation de l'autorité apostolique. Il demanda en conséquence
» si les Religieuses professes de ces monastères jouissent ou non
» des mêmes priviléges que les autres, et en particulier des indul-
» gences? La Sacrée Pénitencerie répondit, en ce qui concerne les
vœux, qu' « elle confirmait les réponses plusieurs fois données à ce
» sujet, à savoir : Que les vœux émis par les Religieuses de France,
» dans l'état présent des choses, sont regardés comme simples par
» le Saint-Siége, et que néanmoins, en vertu de l'indult de Pie VII,
» de nouveau confirmé par Sa Sainteté Grégoire XVI, les Sœurs des
» monastères de France peuvent gagner toutes les indulgences
» qui ont été accordées à la Religion ou à l'institut dont elles font
» partie, et dans lesquels les Religieuses des autres pays font des

» vœux solennels. » En ce qui concerne l'érection, voici ce qu'en dit M. Bouvier lui-même : « Nunc in Gallia beneplacitum aposto-
» licum non requiritur ad novorum monasteriorum erectionem aut
» translationem, ut Moniales lucrari possint omnes indulgentias suis
» institutionibus respectivis concessas. Sola episcoporum auctoritas
» ad nova hæc monasteria regulariter constituenda sufficit. Sic tradit
» responsio Sacræ pœnitentiariæ diei 2 augusti 1838 ad nos directa, et
» nova responsio ejusdem Sacræ pœnitentiariæ, diei 3 februarii 1841,
» magis explicita et data in forma authentica, idque ex indulto
» S. S. Pii VII a sanctissimo domino Papa Gregorio XVI iterùm
» confirmato. » (*Institutiones theologicæ ad usum seminariorum*, auctore J. B. BOUVIER, episcopo Cenomanensi, nona editio, juxta animadversiones a nonnullis theologis romanis propositas emendata. Parisiis, Méquignon, 1856, t. V. Tractatus de *Decalogo*, cap. II, art. 3, § 2, sect. 10, punctum 1, p. 356.)

II.

En audience accordée par le très-saint Père au soussigné secrétaire de la sainte Congrégation des évêques et des réguliers, le 11 janvier 1861.

Sa Sainteté a daigné accorder, sauf l'agrément de l'évêque de Blois, l'érection dudit monastère (des Religieuses Carmélites), à la condition qu'on observera tout ce qui est nécessaire en pareil cas, et qu'en outre on n'y prononcera que des vœux simples. Mais, PAR UNE GRACE SPÉCIALE DU SIÉGE APOSTOLIQUE, LES RELIGIEUSES DUDIT MONASTÈRE JOUIRONT DES MÊMES PRIVILÉGES, GRACES SPIRITUELLES ET INDULGENCES DONT JOUISSENT LES RELIGIEUSES DU MÊME ORDRE QUI FONT DES VOEUX SOLENNELS. DE PLUS, LESDITES RELIGIEUSES NE SERONT EN AUCUNE MANIÈRE EXEMPTES DE LA JURIDICTION DE L'ORDINAIRE, ELLES Y SERONT, AU CONTRAIRE, ET Y DEMEURERONT SOUMISES EN TOUT POINT.

(Les présentes sont accordées) nonobstant tout à ce contraire. Enfin, Sa Sainteté a daigné autoriser que le présent rescrit tienne lieu de lettres apostoliques.

Donné à Rome.

Signé : N. Cardinal PAROCCIANI-CLARELLI, Préfet.

Et plus bas : A. Archevêque DE PHILIPP., secrétaire.

Pour traduction fidèle, *signé :* H. THORÉ, vicaire général.

III.

Ex audientiâ Sanctissimi habita ab infra D. secretario S. Congregationis Episcoporum et Regularium, sub die 13 martis 1868, Sanctitas Sua benigne annuit arbitrio episcopi Melden., pro canonica erectione enuntiati monasterii quatenus omnia in promptu habeantur quæ pro hujusmodi erectionibus requiruntur, ITA TAMEN UT IN EO PROFESSIO VOTORUM SIMPLICIUM DUMTAXAT EMITTATUR, CONCESSA EX APOSTOLICÆ SEDIS GRATIA SANCTIMONIALIBUS EJUSDEM MONASTERII COMMUNICATIONE PRIVILEGIORUM ET GRATIARUM SPIRITUALIUM QUÆ SANCTIMONIALIBUS VOTORUM SOLEMNIUM EJUSDEM ORDINIS CONCESSÆ FUERUNT, QUIN TAMEN ULLAM EXEMPTIONEM A JURISDICTIONE ORDINARII HABERE POSSINT, CUI IN OMNIBUS PRÆFATUM MONASTERIUM SUBJACERE DEBEBIT. Romæ.

Dans l'audience accordée par le Saint-Père au soussigné, secrétaire de la sainte Congrégation des Évêques et des Réguliers, le 13 mars 1868, Sa Sainteté a daigné se rendre au désir exprimé par l'évêque de Meaux, pour l'érection canonique dudit monastère, pourvu que toutes les conditions requises pour ces sortes d'érections soient remplies, EN SORTE TOUTEFOIS QUE LES VŒUX FAITS DANS CE MONASTÈRE NE SOIENT QUE DES VŒUX SIMPLES, MAIS (EN VERTU D'UNE FAVEUR SPÉCIALE DU SIÉGE APOSTOLIQUE) AVEC LA PARTICIPATION AUX GRACES SPIRITUELLES ET AUX PRIVILÉGES ACCORDÉS AUX RELIGIEUSES DU MÊME ORDRE QUI ONT LES VŒUX SOLENNELS, SANS QU'ELLES PUISSENT CEPENDANT ÊTRE EN AUCUNE MANIÈRE EXEMPTES DE LA JURIDICTION DE L'ORDINAIRE, A LAQUELLE LEDIT MONASTÈRE DEVRA ÊTRE SOUMIS EN TOUTES CHOSES.
A Rome.

Card. QUAGLIA, Præf.

S. SVEGLIATI, secret.
Locus sigilli.

Le Cardinal QUAGLIA, Préfet.

S. SVEGLIATI, secrétaire.
Place du sceau.

IV.

Postremis hisce temporibus, ad respectivorum Ordinariorum supplicationem, Sanctissimus Dominus noster Pius Papa IX dignatus est aliquibus monasteriis

En ces derniers temps, à la prière des Évêques respectifs, sous la juridiction desquels étaient placés ces monastères, notre Saint-Père le Pape Pie IX

Sororum Carmelitarum in Galliis concedere communicationem privilegiorum et gratiarum spiritualium, quibus fruuntur Moniales ejusdem Ordinis, quæ alibi existentes vota solemnia nuncupant, etiamsi ab illis simplicia tantum vota emittantur. Nuperrime vero nonnulli Episcopi Galliarum, in quibus quam plurima Sororum Carmelitarum monasteria extant, ad spirituale earumdem Sororum emolumentum et solamen expediens esse existimarunt, et penes hanc Sacram Congregationem Episcoporum et Regularium adprecati sunt, ut a Sancta Sede præfatus apostolicus favor ad omnia Sororum Carmelitarum monasteria Galliarum extendatur. Facta autem de præmissis relatione Sanctissimo Domino nostro in audientia habita ab infrascripto domino secretario hujus Sanctæ Congregationis Episcoporum et Regularium sub die 5 martii 1869, SANCTITAS SUA DIGNATA EST DEMANDARE UT OMNIBUS ET SINGULIS MONASTERIIS SORORUM CARMELITARUM QUÆ IN GALLIIS REPERIUNTUR, TRIBUATUR, PROUT PRÆSENTIS DECRETI TENORE TRIBUITUR, COMMUNICATIO OMNIUM PRIVILEGIORUM ET SPIRITUALIUM GRATIARUM QUIBUS GAUDENT SANCTIMONIALES CARMELITÆ VOTORUM SOLEMNIUM, ITA TAMEN UT AB ILLIS ETIAM IMPOSTERUM VOTA SIMPLICIA EMITTANTUR, NULLAMQUE HABEANT EXEMPTIONEM AB ORDINARIORUM JURISDICTIONE.

Datum Romæ ex Secretaria

a daigné concéder à plusieurs monastères de Carmélites en France, la communication des priviléges et gràces spirituelles dont jouissent les Religieuses du même Ordre, qui, vivant en d'autres pays, émettent des vœux solennels, encore bien que celles de France n'émettent que des vœux simples. Tout récemment encore quelques Évêques de cette contrée, où existent un grand nombre de monastères de Carmélites, ont jugé expédient, pour le profit spirituel et la consolation de ces Religieuses que le Saint-Siége étendît à tous leurs monastères cette même faveur apostolique, et ils en ont présenté la demande à cette Sainte Congrégation des Évêques et Réguliers. Relation faite de tout ceci à notre Saint-Père le Pape dans l'audience où fut admis le soussigné secrétaire de cette Sainte Congrégation des Évêques et Réguliers, le 5 mars 1869, SA SAINTETÉ A DAIGNÉ ORDONNER QU'A TOUS ET A CHACUN DES MONASTÈRES DE CARMÉLITES QUI EXISTENT EN FRANCE SOIT ACCORDÉE, COMME ELLE EST EN EFFET ACCORDÉE PAR LE PRÉSENT DÉCRET, LA COMMUNICATION DE TOUS LES PRIVILÉGES ET GRACES SPIRITUELLES DONT JOUISSENT LES RELIGIEUSES CARMÉLITES A VOEUX SOLENNELS, DE TELLE SORTE TOUTEFOIS QUE, MÊME A L'AVENIR, ELLES N'ÉMETTENT QUE DES VOEUX SIMPLES ET QU'ELLES NE SOIENT EN RIEN EXEMPTES DE LA JURIDICTION DE L'ORDINAIRE.

Donné à Rome, à la Secrétai-

Sacræ Congregationis Episcoporum et Regularium, sub die
23 martii 1869.

Card. QUAGLIA, Præf.

Locus sigilli. S. SVEGLIATI,
secret.

rerie de la Sainte Congrégation
dès Évêques et Réguliers, le
23 mars 1869.

Card. QUAGLIA, Préfet.

S. SVEGLIATI, secrétaire.
Place du sceau.

FIN DES PIÈCES JUSTIFICATIVES.

TABLE DES MATIÈRES

FiN.

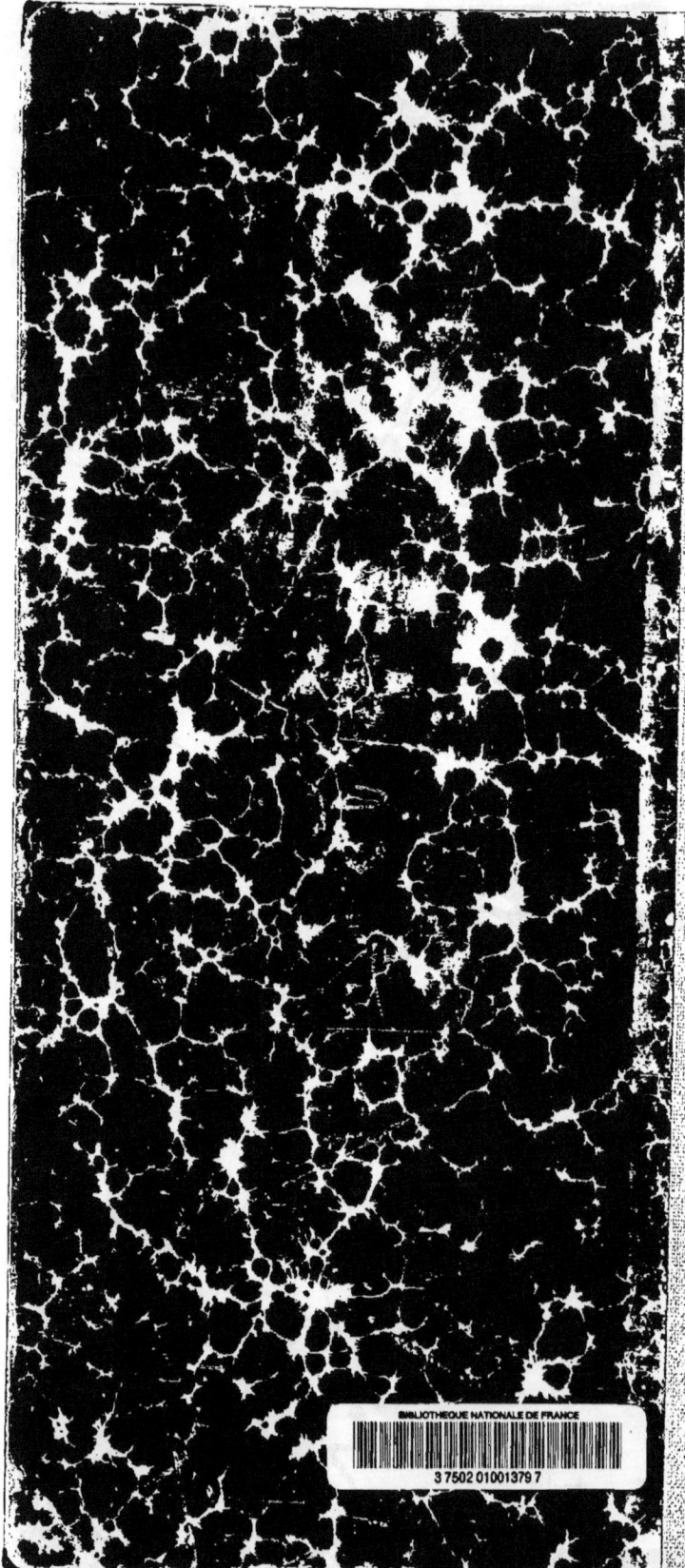